AF233035

# C. DE VARIGNY

## LES

# ÉTATS-UNIS

## ESQUISSES HISTORIQUES

PARIS

ERNEST KOLB, ÉDITEUR

8, RUE SAINT-JOSEPH, 8

# LES

# ÉTATS-UNIS

---

## ESQUISSES HISTORIQUES

# OUVRAGES DU MÉME AUTEUR

---



---

ÉMILE COLIN — IMPRIMERIE DE LAGNY

# C. DE VARIGNY

## LES

# ÉTATS-UNIS

— ESQUISSES HISTORIQUES —

PARIS

ERNEST KOLB, ÉDITEUR

8, RUE SAINT-JOSEPH, 8

# LES

# ÉTATS-UNIS

## — ESQUISSES HISTORIQUES —

## LE JOURNALISME AUX ÉTATS-UNIS

L'exposition universelle de Philadelphie, en inaugurant, il y a quelques années, dans le Nouveau-Monde ces grandes fêtes de l'industrie dont l'Europe a pris l'initiative, ainsi que la part prise par le gouvernement américain à l'Exposition de 1889 nous ont mis à même de juger des progrès accomplis par les États-Unis dans tous les domaines de l'activité humaine, et de mesurer le chemin parcouru par cette nation, qui ne compte encore qu'un siècle d'existence. Le sentiment qui domine est celui de l'étonnement. Des critiques de détail ont pu être formulées; mais, pour qui s'at-

1

tache à la réalité des choses, les résultats obtenus sont prodigieux et de nature à faire réfléchir l'homme d'État et l'économiste.

Si l'on se reporte par la pensée à ce qu'étaient les colonies anglaises et à ce que sont les Etats-Unis aujourd'hui, on se demande quels puissants engins de civilisation ont pu favoriser, précipiter cet essor si rapide d'un peuple dont l'histoire, pour être courte, n'en est pas moins bien remplie, et à qui n'ont été épargnées ni les épreuves de l'adversité, ni celles, plus difficiles peut-être à supporter, d'une éclatante prospérité. L'exposition de Philadelphie et celle de Paris ont répondu à ces questions. En assignant à la presse à imprimer de Hoe une place d'honneur, les commissaires américains ont voulu rendre hommage à cette force dont Napoléon I<sup>er</sup> disait qu'elle était plus à redouter que des centaines de mille baïonnettes. Elle l'a prouvé aux Etats-Unis ; elle y est parvenue à un tel degré de puissance et d'influence, elle a, sous un régime de liberté complète, donné des résultats parfois si inattendus qu'il nous a paru utile de résumer ici l'ensemble de nos études et de nos observations personnelles sur le journalisme américain.

Cette histoire de la presse a été faite et bien faite pour la France et pour l'Angleterre. En ce qui concerne ces deux pays, les livres et les documents abondent. M. Hatin, dans son savant ouvrage : *Manuel de la liberté de la presse en France,* nous a retracé les débuts et les tâtonnements de nos devanciers, les luttes soutenues depuis François Ier jusqu'à la chute du second empire par les journalistes contre les divers pouvoirs qui se sont succédé. M. Germain nous a donné *le Martyrologe de la presse de 1789 à 1864.* Le même sujet nous a été traité par M. Fernand Girardin dans son livre : *la Presse périodique de 1789 à 1867.*

En Angleterre, F. Knight Hunt a publié *the Fourth Estate,* Alexander Andrews *the History of British journalism,* James Grant *the Newspaper press, its origin, progress and present position.* Aux Etats-Unis, les documents sont rares, et ce n'est que tout récemment qu'un écrivain consciencieux, Frédéric Hudson, a publié sur l'histoire du journalisme en Amérique un livre curieux, plein de faits intéressants, mais groupés sans ordre et d'une lecture fatigante. Avant lui, Isaïah Thomas avait écrit, en 1810, une *Histoire de l'imprimerie aux États-Unis,* et Joseph Buckingham un ouvrage intitulé : *Buckingham's reminiscences,* dans lequel il parle incidemment de la presse dans les États de la Nouvelle-Angleterre. Ce dernier ouvrage parut en 1852 ; l'édition en est épuisée depuis longtemps. C'est à l'aide de ces matériaux divers et des écrits récents de Bennett, d'Henri Raymond et d'autres journalistes éminents qui nous ont laissé dans leurs mémoires les résultats de leurs travaux et de leur expérience personnelle, que nous essaierons de retracer l'histoire du journalisme aux Etats-Unis, depuis ses débuts jusqu'à nos jours.

## I

C'est en 1438 que l'imprimerie fut découverte à Mayence. Le premier journal connu ne parut que dix-neuf ans plus tard à Nuremberg, en 1457. En 1499, Ulrich Zell imprima la *Chronick* à Cologne. Ces premiers essais informes rappellent les *Acta diurna* qui circulaient de main en main à Rome sous forme de manuscrits, et rendaient compte des incendies, des jugements, exécutions, phénomènes atmosphériques et autres nouvelles locales. L'Italie dispute à l'Allemagne l'honneur de l'avoir devancée dans cette voie, et réclame la priorité pour Venise. *La Grazetta*, — ainsi nommée suivant les uns parce qu'elle se vendait une *grazetta*, petite pièce de monnaie d'alors, suivant d'autres du mot *grazza*, commérage, bavardage, — fut imprimée en 1570. On affirme qu'il en existe des copies dans une ou deux collections particulières à Londres. D'autre part, le catalogue de la collection du British Museum indique un numéro d'une feuille imprimée sous le titre de *Neu Zei-*

*tung aus Hispanien und Italien*, qui porte la date du mois de février 1534. Ce journal publié à Nuremberg, et dont on ne possède qu'un exemplaire unique, je crois, contient la nouvelle de la conquête du Pérou. C'est le premier écrit périodique qui rende compte d'un fait extérieur. Voici comment il s'exprime : « Le gouvernement de Panumyra (Panama) a écrit à Sa Majesté Charles V qu'un navire venait d'arriver du Pérou avec une lettre du régent Francisco Piscara (Pizarro), annonçant qu'il s'était emparé du pays ; avec 200 Espagnols, infanterie et cavalerie, il avait attaqué un grand seigneur nommé Cassiko (cacique). Les Espagnols avaient été vainqueurs et lui avaient pris 5,000 *castillons* (pièces d'or), et 20,000 marcs d'argent. Enfin on avait fait payer au même Cassiko 2 millions en or. »

Des journaux que nous venons de citer, si tant est qu'on puisse leur donner ce nom, il ne reste qu'un souvenir confus et quelques rares numéros enfouis dans des collections peu faciles d'accès. A mesure que nous avançons, l'obscurité disparaît, les faits et les dates se précisent. En 1615 paraît, à Francfort, *die Frankfurter Oberpostamts-Zeitung*, qui fut le premier journal quotidien et qui existe encore. Jusqu'ici l'Angleterre ne figure pas sur cette liste chronologique. Ce n'est qu'en 1622 qu'elle prend le cinquième rang avec l'apparition du *Weekly Newes*, journal hebdomadaire, comme son nom l'indique, et qu'elle précède la France de neuf années. En 1631, *la Gazette de France* est publiée à Paris. La Suède, l'Ecosse, la Hollande, inaugurent successivement l'ère du journalisme en 1644, 1653 et 1656.

C'est en 1690 que paraît à Boston le premier journal publié aux Etats-Unis sous le titre de *Publick Occurrences*. On a cru longtemps que le *News Letter*, publié quatorze ans plus tard, était le doyen des publications périodiques américaines. Il n'en est rien ; les recherches faites par le révérend J.-B. Felt constatent que la priorité appartient sans conteste à Benjamin Harris, éditeur du *Publick Occurrences*. J'ai sous les yeux une copie de son premier numéro, daté Boston, 25 septembre 1690. L'éditeur débute modestement : « Mon intention, dit-il, est de fournir au public une fois par mois un compte rendu de ce qui pourrait se passer d'important. Si, *par extraordinaire*, il venait à ma connaissance quelque nouvelle sérieuse dans l'intervalle, je publierai une feuille extra. Je prie toutes les personnes honorables de Boston de me tenir au courant. Considérant surtout qu'il importe de faire la guerre à l'esprit de mensonge, je n'imprimerai rien dont je n'aie contrôlé l'exactitude, et si je commets quelque erreur involontaire, je la rectifierai dans le numéro suivant. »

Il n'en eut ni le temps ni le loisir. Ce programme hardi, ou du moins qui parut tel aux autorités anglaises, attira sur la tête de l'éditeur la censure administrative ; dans les vingt-quatre heures, les exemplaires furent saisis, et Benjamin Harris invité à s'occuper d'autre chose que de renseigner, *une fois par mois*, ses concitoyens sur ce qui pouvait se passer à Boston ou ailleurs. Ce début était peu encourageant. Harris quitta Boston, se rendit à Londres et y fonda en 1705 le *Post*, qui vit encore et occupe un rang distingué dans la presse anglaise.

Dans les quatorze années qui suivirent, aucune nouvelle tentative ne fut faite. De temps à autre, on recevait quelques feuilles imprimées à Londres; lues à haute voix sur les places publiques, elles circulaient ensuite de main en main jusqu'à ce qu'elles tombassent en morceaux, ou qu'un riche particulier s'en rendît propriétaire. Maculées, à peine lisibles, elles se vendaient encore une livre sterling. Le génie pratique des Américains ne pouvait longtemps s'accommoder d'un pareil état de choses, et la presse allait faire son apparition définitive. Dans quelles conditions et dans quel milieu politique et social? c'est ce que nous allons examiner. Pour avoir une idée du chemin parcouru, il importe de se rendre un compte exact du point de départ. Le contraste est tellement grand entre les colonies anglaises de l'Amérique en 1690 et la puissante république qui vient de célébrer l'anniversaire séculaire de son indépendance qu'aucun pays à aucune époque de l'histoire n'en a offert de pareil.

Les colonies anglaises comptaient alors près d'un million d'habitants de race blanche et de nègres, la plupart esclaves. Cette population, dispersée sur la côte et sur les rives des grands fleuves, était comme perdue dans un espace immense. Peu de grandes villes, quelques villages, beaucoup de fermes très éloignées les unes des autres, et çà et là sur la frontière française ou indienne quelques campements de hardis colons, pionniers, chasseurs, trappeurs, ainsi se groupaient dans les colonies du nord les occupants du sol. Boston et Philadelphie étaient alors les villes principales ; elles renfermaient chacune environ 8,000 habitants. New-York, qui naissait à peine, en avait 6,000, et offrait l'aspect d'un grand village.

On faisait tout venir d'Angleterre : en fait de commerce, celui du cabotage existait seul, mais déjà les populations des côtes s'exerçaient à la pêche et préludaient par de timides essais aux entreprises hardies qui devaient les entraîner plus tard à la poursuite des cachalots jusqu'aux régions du pôle. L'argent était rare, presque inconnu ; on avait recours aux échanges. En 1635, les achats se soldaient au moyen [de balles de fusil ; une balle équivalait à un sou. En 1653, on frappa quelques pièces de monnaie ; pendant trente ans, on se servit de la même matrice et les pièces ainsi frappées portèrent toutes la même date. Les routes étaient rares. Une diligence reliait New-York à Philadelphie et mettait deux jours à faire ce trajet ; aussi l'avait-on surnommée l'*Éclair*. Le système postal était des plus primitifs ; on expédiait les lettres de New-York à Boston une fois par mois. Benjamin Franklin fut un des premiers directeurs de la poste ; il raconte que, pour développer le système postal, il visita, avec sa fille Sally, les diverses stations, et qu'il mit cinq mois à ce voyage, que l'on peut accomplir aisément aujourd'hui en cinq jours.

Par contre, l'éducation fit de bonne heure de grands progrès. Les puritains émigrants avaient apporté avec eux et implanté dans ce continent à peine connu deux idées fortes et vivaces : le sentiment religieux auquel ils avaient tout sacrifié, et comme complément direct le culte de la Bible. Cela impliquait la lecture assidue des livres saints : aussi vit-on, dès le début, partout où se groupaient quelques colons, s'élever le temple, construction aussi grossière et primitive que les cabanes de troncs d'arbres, et la maison d'école. Si pauvres qu'ils fussent, ils ne reculaient devant aucun sacrifice de temps et de travail pour satisfaire à ces deux besoins de leur nature. A Boston, où fut fondée la première école, chaque famille donnait par année un boisseau de maïs où 1 fr. 25 c. en

1.

argent pour le soutien de l'école et de l'instituteur.
En 1700, dix pasteurs se réunirent dans une salle
d'école et déposèrent sur une table une dizaine de
volumes chacun, en disant l'un après l'autre : Je
donne ces livres pour aider à la fondation d'un
collège dans le Connecticut. Telle fut l'origine du
*Yale College*.

Alors comme aujourd'hui l'instituteur était entouré d'une grande considération. Il était, après
le ministre, l'homme le plus estimé et le plus influent de la communauté. Il jouissait de privilèges
particuliers et exerçait une juridiction spéciale
sur les parents, qu'il pouvait même contraindre à
envoyer leurs enfants à son école.

Si des colonies du nord nous passons à celles du
sud, le contraste est frappant, et nous retrouvons
en germes ces divergences de vues et d'idées qui
devaient aboutir, le 12 avril 1861, au premier coup
de canon tiré par les confédérés sur le fort Sumter, et à la guerre civile la plus longue et la plus
sanglante des temps modernes. L'esprit puritain
dominait d'une manière absolue dans les États de
la Nouvelle-Angleterre. La vie sociale était gouvernée par les préceptes de la loi religieuse, dont
la loi civile n'était que le reflet et la consécration.
Cette vie grave, austère, condamnait l'homme à
lutter contre les penchants de sa nature dans
l'ordre moral, de même que le climat et les difficultés de la vie matérielle l'obligeaient à un la-

beur incessant. Le plaisir sous toutes ses formes, même les plus modestes, était banni. La musique était condamnée comme un instrument de Satan, le chant dans les temples devait être sans accompagnement. Amos n'avait-il pas écrit : « Je ne veux pas entendre la mélodie de tes violes » ? L'élément puritain, fortifié par l'élément hollandais, qui colonisa New-York, réussit, dans les premières années, à faire dominer ses vues et ses tendances dans les colonies du sud ; mais, bien que la race fût la même, le milieu était changé. Les conditions de l'existence étaient autres, autres aussi le climat et les productions du sol. La grande divergence des peuples du nord et des peuples du midi s'accusait et s'accentuait, en attendant l'heure de la lutte, aujourd'hui terminée en apparence.

Le point de départ de ces deux civilisations parallèles est le même. Chez toutes deux, nous retrouvons les mêmes traits caractéristiques : l'amour de l'indépendance, le sentiment religieux. Mais dans le nord la nature même du sol et du climat limite l'indépendance excessive et facilite le groupement de la population ; dans le sud, au contraire, tout favorise et développe le premier au détriment du second. Dans les états de la Nouvelle-Angleterre, l'église est le centre autour duquel se construisent les habitations. Constamment en lutte avec la nature, l'homme a besoin de se rapprocher de l'homme, l'isolement est un danger et une difficulté nouvelle ajoutée à tant d'autres.

Les conditions de la vie sont bien différentes dans la Virginie, dans la Caroline du sud. Les colons qui s'y fixent se recrutent dans une autre classe de la population anglaise que les émigrants du nord. Les modestes ressources de ces derniers les contraignent au travail aussitôt débarqués et ne leur permettent pas les dépenses nécessitées par un long et coûteux voyage pour se rendre de New-York ou de Boston dans les colonies du sud. De grandes concessions de terres ont d'ailleurs précédé les colons. Certaines familles de l'aristocratie anglaise ont reçu de la couronne, à titre d'apanage ou de don, de vastes espaces incultes qu'elles abandonnent aux fils cadets. Ces derniers viennent demander à ce nouveau continent la fortune que leur enlève le droit de primogéniture, et la vie large et facile à laquelle ils sont habitués. Des plantations se fondent, isolées les unes des autres; le sol, puissamment riche, donne en abondance le nécessaire et bientôt le superflu.

Si la vie est rude et simple, si le luxe et le confort n'existent pas encore, les éléments qui les constituent ne font pas défaut : d'abord la grande propriété, puis un nombreux personnel de serviteurs ou d'esclaves; les travaux d'une plantation l'exigent. Les chevaux importés d'Angleterre se multiplient rapidement sous ce climat où l'hiver est presque inconnu. Le planteur du sud, à cheval dès le matin, parcourant son *estate*, dirigeant ses nombreux travailleurs, retrouve ici la vie anglaise du *gentleman farmer*. Il sait commander et se faire obéir. Souverain absolu de tout ce qui l'entoure, il peut donner à ses goûts, plus athlétiques qu'intellectuels, pleine satisfaction. Combats de taureaux, courses, chasse, tels sont les seuls plaisirs à sa portée, et ce sont ceux que les puritains du nord ont le plus en horreur. Ça et là quelques rares églises s'élèvent dans le voisinage des plantations, mais elles sont peu fréquentées, les distances sont grandes, et les plus proches voisins s'y rendent seuls. Pour aller d'une plantation à l'autre, il faut remonter ou descendre en bateau les grands cours d'eau, ou parcourir à cheval, par des chemins à peine tracés, de vastes espaces. La vie sociale est à peu près nulle au début, et le sentiment de l'individualité se fortifie de tout ce que perd l'instinct de sociabilité.

Dans de pareilles conditions, il est difficile de fonder et de maintenir des écoles ; aussi n'y songet-on guère. On va plus loin même, et ici s'accentue de plus en plus la divergence de vues. Le gouverneur anglais Berkeley, fidèle représentant des idées du temps, disait en 1700 : « Je remercie Dieu de ce qu'il n'y a en Virginie ni écoles libres ni imprimerie, et j'espère qu'il en sera de même pendant des siècles. » Bien que ce vœu n'ait pas été exaucé et que la Virginie ait occupé et occupe encore un rang distingué dans les états du sud au point de vue de l'instruction publique, les progrès ont été lents et contrariés par la tendance aristocratique qui répugne à donner aux classes inférieures une instruction dont elle sent le prix et qu'elle entend réserver à ses membres. Habitués de bonne heure au commandement, aux exercices corporels, excellents cavaliers, chasseurs infatigables, les colons du sud devaient être et furent les chefs de l'insurrection qui affranchit les colonies du joug de la mère-patrie. Ils devaient être et ils furent aussi les chefs de la nouvelle république, chefs politiques et militaires, présidents, hommes d'État, officiers.

L'intérêt commun, la nécessité, firent taire longtemps les dissentiments particuliers; mais les mœurs, les idées du sud, étaient antipathiques aux habitants de la Nouvelle-Angleterre; l'esclavage surtout leur inspirait une répulsion profonde et bien justifiée. Puis le nord était manufacturier et le sud agricole. L'un voulait des tarifs protecteurs pour ses fabriques naissantes, l'autre était partisan du libre-échange, condition essentielle de sa prospérité. Longtemps on se fit des concessions mutuelles, on essaya de nombreux compromis, jusqu'au jour où, conscients de leur force, assurés du nombre et impatients d'affirmer et d'appliquer leurs idées, les États du nord déclarèrent l'institution de l'esclavage condamnée par la cons-

cience, incompatible avec un gouvernement républicain, et appelèrent Abraham Lincoln à la présidence des Etats-Unis pour appliquer et faire
triompher leur programme. En même temps, par
l'adoption du tarif Morill, ils déclaraient la guerre
aux intérêts du sud. On vit alors cette même
force, qui avait fondé et créé l'Union, se retourner contre elle. La rupture du nord et du sud dés-
organisa les cadres de l'administration, de la diplomatie, de l'armée et de la marine, où les officiers étaient presque tous des hommes du sud. On
sait le résultat de cette lutte gigantesque, la victoire du nord, la ruine du sud et les haines profondes qui subsistent.

De cet exposé rapide se déduisent certaines conclusions. Il est évident que le nord a dû être et a
été le foyer du journalisme. La presse naît de la
diversité des intérêts et des tendances. Elle tarde
à paraître là où cette diversité tarde à se produire.
L'antagonisme de vues entre le nord et le sud
s'est accentué surtout dans le nord, où l'éducation
était plus répandue, où les grands centres se
créaient et se peuplaient plus rapidement, où les
idées républicaines dominaient et où les intérêts
commerciaux, politiques et sociaux appelaient la
libre discussion et demandaient des renseignements exacts et précis. L'histoire de la presse aux
Etats-Unis est donc surtout l'histoire de la presse
des États du nord, et ce ne sera qu'incidemment

et accessoirement que nous aurons à en suivre le développement dans le sud.

## II

Nous avons constaté que le premier journal américain avait paru le 25 septembre 1690, qu'il avait vécu un jour, et que l'éditeur avait dû émigrer en Angleterre. L'insuccès d'Harris était pour décourager ceux qui pouvaient être désireux de l'imiter ; aussi de 1690 à 1704 aucune tentative ne fut faite pour remplacer les *Publick Occurrences*. Le 24 avril 1704, John Campbell, directeur des postes à Boston, tenta de nouveau l'aventure. Sous le titre de *Boston news Letters*, il publia en un petit format une sorte de feuille d'avis hebdomadaire. Elle ne contenait que des annonces de maisons à louer ou à vendre, des signalements de domestiques qui avaient quitté leur maîtres, des indications de navires en partance.

Si dépourvue d'intérêt qu'elle nous paraisse, cette publication causa une profonde émotion dans la ville de Boston. Le premier numéro fut porté en toute hâte par le magistrat au président de l'université d'Harvard, comme une des plus étonnantes curiosités que l'on pût voir dans la colonie.

Enhardi par le succès, Campbell ne se confina
pas longtemps dans ce cadre étroit. — Timide-
ment d'abord, il donna quelques rares nouvelles
commerciales, maritimes, puis enfin politiques. Il
se sentait surveillé; mais l'opinion publique l'ap-
puyait et l'encourageait à marcher de l'avant. Il
reproduisit quelques extraits de la *Gazette de
Londres;* cependant il faut croire que cette dernière lui parvenait avec irrégularité, car dans un
de ses numéros il s'excuse modestement auprès
de ses lecteurs d'être en retard de *treize mois* sur
les nouvelles d'Europe. Est-ce là ce qui nuisit à
son succès pécuniaire? Nous ne savons; en tout
cas, ce ne fut pas la concurrence. Quoi qu'il en
soit, après quinze ans d'existence, le *News Letter*
n'était pas dans une position brillante, à en juger
par un appel que Campbell adressait à ses lecteurs.
Il les avisait que la vente hebdomadaire atteignait
300 numéros, qu'il était obligé d'augmenter le
prix de l'abonnement de 6 shillings par an, et
qu'encore à ce prix il couvrirait seulement ses
frais matériels et ne recevrait aucune rémunération pour son travail personnel.

Ce second début n'était pas encore encourageant; pourtant il y avait progrès. Un journal,
prenons ce titre ambitieux à défaut d'autre, avait
pu vivre quinze années. La carrière était ouverte,
de nombreux concurrents allaient entrer en lice.

Campbell ne les vit pas avec plaisir. Le *Boston*

*Gazette* publia son premier numéro le 21 décembre 1719. « Je plains les lecteurs de cette nouvelle feuille, écrit-il dans le numéro qui suivit la publication de son rival, on y sent l'odeur de la bière bien plus que celle de la lampe. C'est une lecture malsaine pour le peuple. Pour moi, voici près de seize ans que je publie mon journal, et je puis dire que c'est à lui que l'on doit d'avoir si peu de fausses nouvelles en circulation. »

Vraies ou fausses, il est certain que Campbell en mettait peu en circulation, et on ne saurait accuser ses contemporains d'ingratitude pour l'accueil qu'ils firent à son rival d'abord, puis en 1721 au *Courant* publié par James Franklin, frère de l'illustre Benjamin Franklin, qui n'allait pas tarder à entrer en scène et à donner un vigoureux essor au journalisme américain. James Franklin releva vivement les attaques de Campbell et le réduisit au silence. Le pionnier de la presse de Boston abdiqua et rentra dans la vie privée, non sans prédire toutes les catastrophes possibles à ses concurrents. Ces discussions personnelles n'étaient guère de nature à intéresser longtemps le public. Il importait d'élargir le champ des débats. Les circonstances s'y prêtèrent, et Benjamin Franklin débuta dans le journalisme en se constituant l'avocat et le défenseur de la vaccine. Lady Wortley Montague venait d'importer d'Angleterre la découverte nouvelle. Le clergé se déclara contre l'innovation ; les Franklin et leurs adhérents furent dénoncés comme libres penseurs, athées, inspirés du diable. La polémique américaine naissante s'affirmait par cette liberté de langage et d'injures qui la caractérise encore aujourd'hui, et qui ne laisse pas de nous étonner par sa violence. Les Franklin répondirent avec la même vivacité, et James, l'éditeur en nom, fut, comme d'ordinaire, arrêté et mis en prison. C'était une solution, mais cela ne prouvait pas qu'il eût tort et que la vaccine fût une idée diabolique.

Cette première mésaventure fut suivie d'une autre. En juin 1722, un pirate fit son apparition en vue de Block Head. Le *Courant* gourmanda la lenteur des autorités à envoyer des vaisseaux à sa poursuite. Le lendemain, James Franklin retournait à la prison de Boston, et un ordre en conseil lui interdisait à l'avenir de parler dans son journal de ce qui pouvait, de près ou de loin, concerner le gouvernement, l'administration, le clergé et les collèges. Il fallait bien de l'habileté pour continuer à publier un journal dans ces conditions ; mais ce n'était ni l'habileté, ni l'énergie qui manquaient aux Franklin. Benjamin n'était alors âgé que de seize ans, mais il y avait en lui l'étoffe d'un homme, et les difficultés, loin de les abattre, développent des natures comme la sienne.

Des mesures arbitraires prises contre des journaux aussi peu lus ne pouvaient provoquer un vif mouvement d'opinion publique, ni soulever des passions bien violentes. Il fallait, pour en arriver là, que le gouvernement fournît un autre aliment à l'irritation, et que la presse pût prendre en main une cause vraiment populaire. La maladresse des autorités anglaises lui fit beau jeu. Pour s'assurer le concours de l'église anglicane, on proposa de lui donner le rang de religion d'État. C'était s'aliéner les nombreux dissidents des colonies du nord. Les Franklin venaient de fonder la première fabrique de papier. Les autorités anglaises affirmèrent que les colonies ne pouvaient en aucune façon s'affranchir de l'importation de la mère-patrie. Pitt lui-même, l'ami de l'Amérique, déclarait « que les colonies n'avaient pas le droit de fabriquer même un fer à cheval. »

En 1750, interdiction de travailler le fer, défense de scier le bois et de le débiter en planches, de faire usage des cours d'eau comme force motrice, d'élever des fabriques ou manufactures. Les colons devaient se borner à la culture des terres et tirer d'Angleterre tout ce qui leur était nécessaire. Dans les colonies du sud, la canne ne pouvait être convertie en sucre ou en mélasses, le coton ne pouvait être tissé. Les taxes enfin, votées par le parlement, où les colons n'étaient pas représentés, pesaient sur une population active, énergique, dont elles gênaient la production, et qui sentait sa force croître avec ses griefs. La presse se fit l'écho,

timide d'abord, indigné bientôt, d'une pareille
oppression. Ces phrases brèves et incisives, qui
précèdent une révolution et en deviennent le mot
d'ordre, circulèrent. « L'impôt sans le droit de
représentation est une tyrannie », écrivait James
Otis.

La lutte commençait ; nombre d'esprits ardents
et aventureux se jetèrent dans la mêlée. Les rares
journaux publiés à Boston, New-York, Annapolis,
Charleston, virent s'augmenter considérablement
le nombre de leurs lecteurs. D'autres se fondèrent.
Samuel Adams lança le premier à l'Angleterre le
mot attribué depuis à Napoléon I$^{er}$ : *nation of shop-
keepers* (nation de boutiquiers). On le retrouve
dans l'*Independent Advertiser* de 1748. A ses côtés,
Hugh Gaine, Philip Freneau, le poète de la révolution, James Otis, John Adams, Samuel Cooper.
Joseph Warren, Benjamin Austin, combattant les
prétentions de l'Angleterre, prêchaient la résistance à l'oppression, et Benjamin Franklin répondait hardiment aux menaces des autorités :
« Quiconque peut, comme moi, vivre de pain et
d'eau, n'a besoin de personne et ne craint personne. »

Devant ces symptômes, le gouvernement anglais
s'émut. Des troupes furent envoyées aux colonies :
les journaux, menacés d'abord, suspendus ensuite,
se publièrent en cachette. Le *Stamp act*, dirigé
surtout contre eux, vint mettre le feu aux poudres.

Il imposait un droit de timbre de 5 à 20 centimes
par exemplaire et de 2 shillings (2 fr. 50 cent.) par
annonce. C'était la ruine de la presse, et cela au
moment où la presse devenait le symbole et le
palladium des droits des colonies. « Le soleil de
la liberté s'est couché, écrivit Benjamin Franklin.
il ne reste plus aux Américains qu'à allumer les
lampes de l'industrie et de l'économie. » —
« Soyez assuré, lui répondit le colonel Thompson
dans son journal, que nous allons allumer des
torches et non des lampes. » La foule l'acclama,
envahit les résidences des autorités anglaises, les
saccagea, aux cris de « vive la liberté, pas de
timbre ! » Dans l'assemblée de la Caroline du nord,
le président John Ashe répondit au gouverneur
Tyron : « Nous résisterons à cette loi jusqu'à la
mort. » Le premier navire qui apporta d'Angleterre la cargaison de papier timbré destiné aux
colonies reçut ordre du colonel Ashe, soutenu par
la population, de s'éloigner sous peine de voir son
chargement jeté par-dessus bord. Les autorités
hésitèrent, et cette hésitation raviva le courage
des hommes politiques plus clairvoyants qui ne
cessaient, dans le parlement, de défendre la cause
des colons. Camden, Pitt, Barre, provoquèrent
une enquête, et la formation d'une commission
spéciale. Benjamin Franklin, mandé à la barre de
la chambre des communes, plaida éloquemment les
droits de ses compatriotes. Ses réponses énergi-

ques et brèves aux questions qui lui furent posées impressionnèrent vivement la majorité, et le ministère, convaincu enfin que le droit de timbre ne pourrait être perçu que par la force, se résigna à le supprimer.

Cette décision fut accueillie en Amérique avec une joie dont les journaux se firent l'écho retentissant. Ils la célébrèrent comme une victoire personnelle. C'étaient eux que cet impôt menaçait surtout, c'étaient donc eux qui triomphaient. Après avoir vaincu pour leur compte il leur incombait, maintenant que leur existence était assurée, de revendiquer les droits communs, l'affranchissement du commerce des colonies et la consécration du principe posé par eux : « Pas de taxe sans droit de représentation. » C'était au nom de ce principe même que l'Angleterre avait fait sa révolution. Ses colonies d'Amérique s'en emparaient à leur tour et paralysaient sa force en ébranlant sa conviction dans son droit.

Organe des revendications populaires, la presse voyait son rôle grandir et son existence s'identifier avec celle des colonies. Elle avait combattu, pour elle-même il est vrai, mais elle avait vaincu. C'était un journaliste, Benjamin Franklin, qui le premier avait fait entendre la voix de l'Amérique dans le parlement anglais, c'étaient les journaux qui ralliaient en un faisceau commun les volontés, les énergies et les passions. Ils portaient à la connaissance de tous les faits d'oppression, les actes de résistance, les excès de la soldatesque ; ils prêchaient l'union, la confédération des colonies, signalaient les dangers de l'isolement et lançaient aux masses encore disséminées, mais déjà exaspérées, le nouveau mot d'ordre : « *Join or die,* unissez-vous ou périssez. »

On les lisait, on les approuvait, et, le 5 septembre 1774, 53 délégués représentant les provinces, sauf la Georgie, se réunissaient à Philadelphie. Dans cette réunion solennelle, qui décida des destinées de l'Amérique, Patrick Henry électrisa l'assemblée par son éloquence. On décréta la formation de compagnies de volontaires ; ils affluèrent et dans toutes les colonies, on se mit à fondre des balles, à fabriquer des cartouches, à exercer les hommes au maniement des armes. La presse, qui jusqu'ici n'avait été que l'écho des sentiments populaires, les devançait : elle indiquait le but à atteindre, les moyens d'y parvenir. Inconsciente encore de sa force, elle l'apprenait en s'en servant, et devenait une puissance en parlant au nom de toute une population dont elle allait être un des plus puissants instruments d'affranchissement.

Nous sortirions du cadre de ce travail, si nous suivions pas à pas les péripéties de cette lutte, qui devait aboutir le 25 novembre 1783 à l'évacuation des colonies américaines par les troupes anglaises et à la naissance de la grande république des

États-Unis. Lorsque lord North reçut la nouvelle de la capitulation de l'armée commandée par Corwallis, et de la reddition des armes et des drapeaux entre les mains de Washington et de Rochambeau, il s'écria : « Il me semble que j'ai reçu une balle en pleine poitrine. Grand Dieu! tout est perdu. » Il disait vrai. Il eût pu ajouter que cette balle, qui portait un coup si terrible à l'influence anglaise, avait été fondue avec des caractères d'imprimerie et qu'un fragment de journal avait servi de bourre.

La guerre était terminée; la victoire complète. Mais les divergences de vues, oubliées devant le danger commun, allaient reparaître avec la paix. Il ne s'agissait plus de combattre, il fallait organiser. Si l'on s'entendait sur le but, on n'était pas d'accord quant aux moyens. La presse et la population se scindèrent en deux grands partis politiques, représentés par deux hommes éminents : d'un côté les fédéralistes, dirigés par Alexander Hamilton; de l'autre les démocrates, qui reconnaissent comme chef Thomas Jefferson. Pendant la guerre, l'énergie populaire avait pu suppléer à la faiblesse du lien fédéral créé par les représentants réunis à Philadelphie, mais cette ébauche de constitution ne pouvait suffire à la situation nouvelle. Les journaux fédéralistes en réclamaient le maintien avec quelques légères modifications, ils se déclaraient partisans des droits des États, droits qu'il importait pourtant de limiter, si l'on voulait constituer une véritable Union. Leurs adversaires, faisant bon marché des droits des États, réclamaient une union intime, absolue, seule garantie, disaient-ils, de force et de durée, sans laquelle la nationalité américaine succomberait infailliblement dans une nouvelle lutte avec l'Angleterre. On s'arrêta à un moyen terme, qui pour le moment suffisait aux nécessités de la situation et devait en effet assurer à la république de longues années d'une éclatante prospérité. C'est pourtant à l'origine et aux conditions de ce pacte fédéral que devaient en appeler les États du sud lors de la guerre de sécession. Comme toutes les constitutions, celle-ci portait en elle des germes de conflit et laissait la porte ouverte à des interprétations différentes.

Quelle était l'importance et quel était alors le nombre des journaux aux États-Unis ? Nous avons constaté qu'en 1704 il ne se publiait qu'un journal. Il paraissait une fois par semaine; cela suffisait, et au delà, aux besoins d'une population urbaine de 8,000 habitants. En 1725, 4 journaux représentent à eux quatre un tirage annuel de 170,000 exemplaires. La population est de 1 million. Au début de la guerre d'indépendance en, 1775, la presse est représentée par 37 journaux. Leur tirage total est de 1,200,000 exemplaires. La population a plus que doublé, elle est de 2,800,000 habitants. En 1800, nous trouvons 359 journaux avec un tirage annuel de 22,321,700 exemplaires pour une population de 7,239,814. Le nombre des journaux est presque décuplé, leur tirage est dans la proportion, sur la période précédente, de 20 à 1 pour une population triplée. On peut juger par ces chiffres de l'influence que les événements exercèrent sur la presse américaine et de l'incroyable essor qu'ils lui permirent de prendre. Nous sommes loin du temps où Campbell pouvait à peine tirer à 300 exemplaires sa feuille hebdomadaire et faisait à ses rares lecteurs un appel aussi pathétique qu'inutile.

La presse traversa, non sans encombre et sans bon nombre de faillites, la période critique de 1783 à 1790. Les journaux paraissaient, publiaient quelques numéros, puis succombaient, quitte à renaître quelques semaines ou quelques mois plus tard sous un titre nouveau. Vers 1790, l'horizon s'éclaircit un peu ; sous la main ferme et sage de Washington, la confiance renaissait, et quelques feuilles mieux rédigées, mieux renseignées que les autres, groupaient autour d'elles des sympathies, des lecteurs et des appuis financiers. Un homme de talent et d'énergie, qui avait joué un rôle dans la guerre de l'indépendance, le major Bursell, fonda à Boston la *Centinel*, feuille dévouée à l'administration de Washington et qui lui prêta en mainte occasion un concours aussi intelligent que désintéressé. Ce fut le premier journal aux États-

Unis qui gagna de l'argent ; il en fit un noble emploi : Bursell publia gratuitement tous les actes du congrès, et lorsque le secrétaire des finances lui fit demander son compte, il l'envoya acquitté. Par l'organe de son président, le congrès répondit : « Lorsque M. Bursell a généreusement offert de publier les lois et actes du congrès sans rémunération, nous étions pauvres et nous avons accepté sa proposition ; maintenant nous pouvons payer nos dettes, et ceci est une dette d'honneur. » Un mandat de 7,000 dollars accompagnait cette réponse.

A l'époque où Bursell publiait son journal, deux personnages qui devaient jouer un grand rôle dans notre histoire se trouvaient à Boston. L'un, Louis-Philippe, duc d'Orléans, appelé à régner un jour sur la France, donnait des leçons dans une école ; l'autre était Talleyrand, le futur ministre de l'empire. Tous deux (1795) avaient quitté la France pour se soustraire aux fureurs révolutionnaires. Ils fréquentaient assidûment les bureaux du journal la *Centinel*, surtout à l'arrivée des journaux d'Europe, rares alors, et apportés par des navires voiliers. Bursell leur communiquait avec obligeance les numéros du *Moniteur*. Pour le remercier, Louis-Philippe se dessaisit en sa faveur d'un atlas qu'il possédait, livre très rare aux États-Unis. C'est à l'aide de ces cartes que Bursell put tenir ses lecteurs au courant de la marche des armées françaises, et retracer les étonnantes campagnes d'Italie. Le modeste cadeau du duc d'Orléans fit la fortune de la *Centinel*, qui avait sur ses rivaux le précieux avantage de pouvoir préciser là où ils en étaient réduits aux conjectures. Bursell continua d'éditer la *Centinel* jusqu'en 1828. Il vendit son journal à Adams et Hudson, et se retira des affaires avec une fortune considérable pour l'époque.

Boston avait alors le privilège d'être la ville la plus peuplée et la plus intelligente des États-Unis. Il s'y publiait plusieurs journaux ; l'un des plus influents était le *Chronicle*, qui comptait parmi ses rédacteurs John Prentiss, décédé en 1876 à plus de quatre-vingt-quatorze ans, et qui joua dans le congrès un rôle important. Le *Chronicle* avait pour éditeur Benjamin Austin. Une de ces discussions si fréquentes entre journalistes américains surgit, en août 1805, entre lui et Selfridge, collaborateur du *Boston Gazette*, et se termina par l'assassinat en pleine·rue et en plein jour du fils d'Austin, âgé de vingt et un ans, par Selfridge. Ce dernier en fut quitte pour quelques mois de prison. Il y a soixante-dix ans que le revolver a, pour la première fois, fait son apparition dans le journalisme aux États-Unis. Depuis il n'a cessé de figurer comme un des objets indispensables d'un cabinet de rédaction, et plus d'une fois cet argument a servi, non à convaincre peut-être, mais à faire

2.

taire un adversaire. L'histoire de la presse aux États-Unis est pleine de faits pareils, et l'on ne saurait trop flétrir cette brutalité des mœurs politiques qui a envahi le congrès lui-même et l'a souvent transformé en une arène de combattants.

Si Boston jouissait d'une supériorité incontestée au point de vue intellectuel, d'autres villes grandissaient aussi : New-York, Salem, Providence, voyaient s'augmenter, avec le chiffre de leurs habitants, leur importance commerciale et politique. De nouveaux États obtenaient leur admission dans l'Union : Vermont en 1791, Kentucky en 1792, Tennessee en 1796, portaient à 16 le nombre des États. Alors, comme aujourd'hui, aussitôt qu'un nouveau *settlement* se formait, on voyait s'élever le temple, l'école et le bureau du journal. Beaucoup de ces feuilles éphémères ne faisaient que paraître et disparaître, mais la semence était jetée, le germe devait lever plus tard. Nous avons vu, de nos jours, la presse faire plus encore et devancer la civilisation dans les vastes solitudes qui séparent de la Californie les États de l'ouest. Le *Frontier Index*, publié pendant la construction du grand chemin de fer du Pacifique, se déplaçait à mesure que les travaux avançaient ; il précédait de quelques jours les rails et la locomotive. On peut ne voir là qu'un tour de force d'originalité, mais si l'on se reporte à l'époque dont nous parlons, si l'on tient compte de ce qu'étaient alors ces États nouveaux où le colon disputait le sol aux fauves et aux Indiens, on conviendra que les journaux qui paraissaient dans ces villages naissants étaient bien les ancêtres du *Frontier Index*. Eux aussi étaient les fanaux mouvants qui précédaient et éclairaient la marche des pionniers et des colons partis de l'Atlantique, ne devant s'arrêter qu'aux rives de l'océan Pacifique.

### III

La période comprise entre 1810 et 1820 est marquée aux États-Unis par un développement constant que ralentissent parfois, sans l'arrêter, les conflits avec les tribus indiennes, la rupture avec l'Angleterre, la bataille de la Nouvelle-Orléans, les dissensions intérieures qui aboutissent au compromis du Missouri, la crise financière, la guerre des banques. En 1802, le président Jefferson nous achète, moyennant 80 millions, la Louisiane. La presse est unanime pour approuver cet achat, qui inspirait aux représentants des deux parties contractantes des réflexions qu'il est curieux de relever ici : « Nous sommes parvenus à un âge avancé, écrivait Monroe, négociateur du traité, mais nous n'aurons pas vécu en vain, et ce traité est le plus grand service que nous ayons rendu à notre patrie. »

Napoléon, de son côté, disait : « Cet accroissement de territoire consolide à jamais la puissance des États-Unis. J'ai suscité à l'Angleterre une rivale sur les mers qui tôt ou tard abaissera son orgueil. »

L'épreuve ne devait pas tarder à se faire, mais les circonstances étaient peu favorables aux États-Unis, dont la marine naissante ne pouvait encore lutter avec celle de l'Angleterre. Les difficultés qui surgirent en 1807 et qui aboutirent à la guerre en 1812 trouvèrent l'opinion publique divisée. La presse se partagea en deux camps, dont l'un, organe du parti démocratique et représentant des États de l'ouest, voulait la guerre, et dont l'autre, écho des opinions fédéralistes de la Nouvelle-Angleterre, et notamment de Boston, la déclarait impolitique et désastreuse. Les premiers l'emportèrent. Le danger commun fit taire les dissidences, et la presse, en surexcitant puissamment les passions patriotiques, apporta à l'administration un concours énergique et décisif. La bataille de la Nouvelle-Orléans, gagnée le 8 janvier 1815 par le général Andrew Jackson, et la prise, par la frégate américaine *Constitution*, de deux bâtiments de guerre anglais permirent aux États-Unis de négocier une paix honorable qui non seulement consacrait à nouveau leur indépendance, mais forçait l'Angleterre, et avec elle les États européens, à compter avec la jeune république. Un autre résultat de cette guerre fut de donner à la presse antifédéraliste la consécration du succès, d'augmenter son prestige auprès de l'administration et dans le congrès et de faire élire président son candidat, James Monroe, qui reçut 183 votes présidentiels contre 34 donnés au candidat fédéraliste Rufus King.

De cette époque date l'influence considérable exercée par la presse sur les élections, et la pratique, depuis consacrée par l'usage, de distribuer au parti victorieux les placés et les emplois conquis par le vote sur le parti vaincu et dépossédé.

La paix était à peine conclue que la presse républicaine, représentée par ce que l'on a appelé le triumvirat des journaux : l'*Enquirer*, le *Globe* et l'*Albany Argus*, organisa dans tous les États une coalition puissante, dirigée par Martin van Buren, William Marcy, John A. Dix, qui devaient tous trois jouer un rôle considérable dans l'histoire de leur pays. Cette coalition ne tarda pas à dominer le président et son cabinet. Van Buren, Marcy et Dix étaient désignés dans la presse sous le nom de *régence d'Albany*. Ils faisaient et renversaient les ministres : leurs journaux, tout-puissants, exigeaient et obtenaient le renvoi de leurs adversaires de toutes les places, les plus élevées comme les plus modestes, et désignaient au pouvoir exécutif leurs candidats, aussitôt acceptés. Ce n'était pas seulement le pouvoir fédéral qui était obligé de compter avec eux; dans chaque État, ils exercèrent la même inquisition et rencontrèrent la même obéissance. En quelques mois, les fédéralistes furent exclus de toutes les positions officielles et remplacés par les candidats proposés par les journaux du parti vainqueur.

A aucune époque, l'intervention de la presse dans les questions de personnes et de politique générale ne fut aussi dictatoriale. C'est la presse qui souleva la question de l'acquisition de la Floride à l'Espagne et décida le vote par le congrès d'une somme de 25 millions de francs, prix auquel l'Espagne consentit à céder sa colonie. « L'Amérique aux Américains » devenait le mot d'ordre national. Il a reçu depuis de nombreuses consécrations par la conquête de la Californie et du Texas, l'annexion de l'Orégon, l'achat d'Alaska à la Russie et les démonstrations menaçantes faites à diverses reprises sur les frontières du Mexique et sur celles du Canada.

Au début de cette étude, nous avons précisé les causes principales auxquelles était due la colonisation de l'Amérique par l'Europe, les mobiles auxquels obéissaient les émigrants : l'amour de l'indépendance et les convictions religieuses. La presse politique répond au premier de ces besoins : par elle et avec elle, le colon a ébranlé, puis secoué le joug de la métropole; par elle et avec elle, il a vaincu, proclamé son indépendance

politique, fondé une république, édifié une constitution, concilié dans une assez juste mesure les
droits de l'État et ceux de l'individu. Examinons
maintenant quelle satisfaction a été donnée aux
deux autres besoins de sa nature. A côté de la
presse politique, il y a la presse religieuse; résu-
mons en quelques mots son histoire et les résultats obtenus.

Le premier journal exclusivement consacré aux
questions religieuses parut à Boston le 3 janvier 1816. L'éditeur était Nathaniel Willis, qui a
raconté dans une autobiographie très curieuse
comment, après de longues années d'épreuves, de
perplexités et de difficultés, il réussit enfin, avec
l'appui du docteur Morse, à fonder le *Recorder*,
qui subsiste encore et qui a tracé la voie dans
laquelle depuis se sont engagés nombre de rivaux.
Presque simultanément parurent le *Congregatio-
nalist;* puis le *Watchman*, organe des *baptists*,
qui compte 21,000 abonnés; le *New-York Observer*,
qui tire à 60,000 exemplaires; le *Zion Herald*,
journal des méthodistes ; le *Christian Register*,
oracle des unitairiens.

L'église presbytérienne est représentée par
l'*Evangelist,* primitivement publié par une association de jeunes gens réunis dans un dessein
commun, celui de favoriser les progrès de l'éducation, de soutenir la cause de la tempérance et
de combattre l'institution de l'esclavage. L'*Inde-*

*pendent*, organe des congrégationalistes, une des feuilles les plus répandues de la presse religieuse, doit également son existence à trois négociants de New-York, Chittenden, Hunt et Bower, qui consacrèrent des sommes considérables à assurer le succès de cette publication. Henry Ward Beecher, le célèbre prédicateur, fut un de ses premiers éditeurs et y soutint, avec une vigueur et une âpreté de langage qui n'avaient rien à envier aux feuilles politiques, de nombreuses controverses avec l'*Evangelist* et d'autres publications rivales. On se passionne aussi vivement aux États-Unis pour les discussions religieuses que pour les discussions politiques, et la modération de la forme et du langage fait également défaut aux unes et aux autres. Le catholicisme compte de nombreux adhérents, et, dans la presse, des partisans zélés ; rédigés avec talent, ses journaux ont des lecteurs nombreux et assidus, et soutiennent avec leurs adversaires des controverses dans lesquelles de part et d'autre on fait preuve d'une incontestable érudition. Les Juifs possèdent deux journaux. Les *spiritualistes*, au nombre de 1,500,000, ont également plusieurs organes, dont le *Spiritualist* est le plus important.

La presse exclusivement religieuse compte peu de journaux quotidiens : d'ordinaire ils paraissent le samedi ou le dimanche matin ; leurs abonnés les lisent le dimanche après le service divin. Les controverses théologiques, les récits de conversions, les progrès des missionnaires et la reproduction des sermons des principaux prédicateurs en remplissent les colonnes. Il est rare qu'ils empiètent sur le terrain de la politique, mais au début de la guerre de sécession, et pendant toute la durée de cette lutte, ils ont joué un rôle des plus importants. Adversaire passionnée de l'esclavage, la presse religieuse a contribué tout autant, si ce n'est plus, que la presse politique à précipiter les événements. Dès le début, elle s'est déclarée hostile à toute tentative de compromis. Sans défaillance aucune, même dans les plus mauvais jours elle a soutenu le courage et l'ardeur du parti républicain et de l'administration de Lincoln. Divisée sur tant de points, elle s'est trouvée unanime pour conseiller et soutenir la résistance. Les feuilles catholiques, très influentes sur la population irlandaise, parlaient et agissaient dans le même sens que leurs rivales de toutes sectes. On peut affirmer sans exagération que la presse religieuse a joué, pendant cette période critique de l'histoire des États-Unis, le premier rôle. Les attaques dirigées contre l'esclavage sont venues d'elle, et deux de ses hommes les plus éminents, Henry Ward Beecher et Wendel Philipps, ont exercé sur l'opinion publique une véritable dictature.

C'est en grande partie à ces deux hommes que

la presse religieuse est redevable de l'immense développement qu'elle a pris dans ces derniers temps. Quelques chiffres permettront de s'en faire une idée. Il se publie aux États-Unis 420 journaux exclusivement religieux. Leur tirage annuel est de près d'*un milliard et demi* d'exemplaires, le chiffre de leurs abonnés dépasse 9,000,000. Ce n'est pas tout. L'Association de la presse évangélique et, après elle, d'autres associations analogues, représentant des sectes diverses, se sont assuré le concours de nombreuses feuilles politiques et ont obtenu d'elles, en échange de l'appui qu'elles leur apportent, de consacrer chaque semaine un certain nombre de colonnes à l'examen et à la discussion des questions religieuses. C'est ainsi que le *New-York Herald*, un des journaux les plus répandus aux États-Unis, publie chaque lundi un résumé des sermons prononcés la veille dans les principales églises de New-York. Plus encore, recourant aux services coûteux du cable transatlantique, il se fait télégraphier un extrait des prédications les plus importantes des églises de Rome, de Londres et de Paris.

Revenons maintenant à la presse politique. Nous l'avons laissée à l'apogée de son pouvoir et de son influence ; elle vient de les affirmer par une révolution dans les mœurs politiques, et, posant en principe que les emplois et les places de tout ordre appartiennent au parti victorieux, elle a passé de la théorie à la pratique, chassé les fédéralistes vaincus de l'administration et inauguré le règne des *politicians*. Du moment où le fait d'appartenir au parti qui triomphe donne un droit incontestable aux dépouilles, la vie politique devient une carrière comme une autre, et, plus que d'autres, de nature à tenter des esprits aussi aventureux que peu scrupuleux. L'influence, et partant le droit, se mesure au nombre d'électeurs que l'on peut entraîner. Un siège dans le cabinet revient à celui qui, dans une élection présidentielle, peut entraîner les suffrages d'un ou plusieurs États, et les subordonnés qui manipulent la matière électorale dans les villes et villages ont en perspective un emploi dans les douanes ou dans les bureaux de l'administration.

Ces conditions nouvelles de la vie politique aux États-Unis devaient amener une révolution dans la presse. De 1820 à 1832, elle devient exclusivement l'organe des partis qui se disputent le pouvoir. Contrôlée, dominée par une poignée de *politicians*, elle menace de tomber dans le discrédit. L'opinion publique, qu'elle cesse de représenter, s'éloigne d'elle et attend pour la diriger des hommes nouveaux et des organes plus indépendants.

D'un autre côté, les progrès rapides du commerce demandaient qu'une part plus large fût faite aux annonces, que le prix d'abonnement fût réduit, que des renseignements plus précis sur les marchés étrangers fussent fournis. Les journaux inféodés aux partis n'avaient ni le temps ni les moyens de satisfaire à ces besoins nouveaux. Il fallait créer une presse nouvelle, ce que l'on a appelé depuis la presse indépendante : elle date de 1832.

Un homme dont le nom est bien connu en Europe, le fondateur et le propriétaire du *New-York Herald*, J. Gordon Bennett, l'incarnation du journalisme aux États-Unis, est entré le premier dans la voie nouvelle. L'immense fortune qu'il a réalisée, l'éclatant succès de sa tentative hardie, prouvent la puissance d'une idée juste, saisie à temps et suivie avec persévérance. L'histoire de J. Gordon Bennett et du *New-York Herald* peut être considérée comme l'histoire du journalisme américain. En étudiant la carrière de cet homme remarquable, qui a refusé les fonctions d'ambassadeur pour rester journaliste, nous assisterons à la naissance, aux progrès et aux transformations de la presse moderne aux États-Unis, et nous verrons comment, en s'appliquant à donner une légitime satisfaction à tous les intérêts et à tous les besoins, elle est devenue ce qu'elle est aujourd'hui.

## IV

James Gordon Bennett débuta dans le journalisme sous les auspices de la régence d'Albany. Il fut un des partisans déclarés de Jackson et de Martin van Buren, et fit ses premières armes dans le *Courier*, l'organe le plus accrédité du parti. Jeune, actif, énergique, il ne devait pas servir longtemps en sous ordre ; ses velléités d'indépendance et surtout de réformes dans l'organisation de la presse amenèrent des tiraillements auxquels il crut devoir se soustraire en fondant un nouveau journal. En 1832, il publia le *New-York Globe*. Le prix d'abonnement était réduit de 10 dollars à 8.

Cette première tentative échoua. Une réduction de 2 dollars n'était pas suffisante pour rallier de nombreux abonnés ; d'autre part les chefs et les organes accrédités du parti voyaient avec inquiétude se fonder une feuille nouvelle qui, tout en se déclarant fidèle, entendait s'affranchir dans une certaine mesure d'un contrôle sévère. Bennett hésitait à rompre, à se déclarer franchement indépendant. Son journal, en tant que feuille de parti, était terne, comparé à ses rivaux ; sans satisfaire personne, il mécontentait tout le monde : Bennett comprit son erreur et suspendit sa publication. Il essaya alors de renouer avec ses anciens amis ; mais ses exigences rendirent toute négociation impossible, et la rupture fut complète.

Libre désormais de toute attache de parti, ne comptant plus que sur lui-même, Bennett partit pour New-York aussi léger d'argent que riche d'espoir. Il allait enfin tenter de réaliser son rêve. Créer une feuille indépendante, en dehors et au-dessus des partis, une feuille qui ne fût ni fédéraliste, ni républicaine, ni démocratique, mais purement américaine et dévouée à l'intérêt national, quitter le terrain de la polémique pour celui des faits, renseigner exactement ses lecteurs en leur laissant la tâche de se former à eux-mêmes leur opinion, mettre cette feuille à la portée de tous par un prix d'abonnement très réduit, demander à l'annonce, encore peu pratiquée et dont il prévoyait le développement, les ressources nécessaires, tel était le plan du futur éditeur du *New-York Herald*, et c'est avec un capital de 500 dollars qu'il songeait à le réaliser.

Pour tenter aujourd'hui une entreprise pareille à New-York, il faudrait un capital minimum de 300,000 dollars (1,500,000 fr.). Le compte rendu soumis récemment aux actionnaires d'un journal qui n'occupe dans la presse new-yorkaise qu'un rang inférieur constate en effet que le comité d'administration a dû sacrifier 200,000 dollars du fonds social (1 million) pour le maintenir pendant une année.

Le premier numéro du *New-York Herald* parut le 5 mai 1835. Dans ce numéro, qui se composait de douze colonnes de texte et de quatre d'annonces, Bennett expose son programme à ses lecteurs. Tout d'abord le prix de l'abonnement est réduit à 3 dollars par an (15 francs). C'est aux annonces qu'il entend demander le plus clair de ses recettes. Quant à sa ligne politique, il déclare nettement n'en pas avoir. « Notre seul guide, dit-il, sera le bon sens appliqué aux affaires. Nous n'appartenons à aucun parti, nous ne sommes l'organe d'aucune faction ou coterie et nous ne soutiendrons aucun candidat, pas plus pour la présidence que pour le plus mince emploi. Notre but est de recueillir et de donner des faits exacts, des renseignements précis sur tout ce qui se passe. Notre journal s'adresse aux masses, au négociant comme à l'ouvrier, au banquier comme au commis. Chacun d'eux trouvera dans nos colonnes ce qui peut l'intéresser, lui être utile, et tirera lui-même ses conclusions des faits que nous mettrons sous ses yeux. »

Fidèle à son programme, il supprimait les articles politiques et les remplaçait par les documents officiels, par les résultats des élections, s'abstenant de toute appréciation, de tout commentaire. Cette tentative originale fut accueillie avec le sourire de l'incrédulité. On n'admettait pas qu'un journal indépendant [de tout parti politique pût se maintenir quelque temps, bien moins encore prospérer. Aucune feuille jusqu'ici ne s'était occupée des affaires financières ; Bennett fut le premier qui publia une cote des fonds publics. C'est dans son numéro du 13 mai 1835 qu'elle parut. Il y rendait compte des ventes et achats effectués à là bourse de la veille et des prix obtenus par les valeurs diverses. Cette innovation fut fort mal accueillie. Les banquiers et courtiers contestèrent son droit à rendre compte de leurs opérations ; c'était, affirmaient-ils, intervenir dans leurs affaires privées. Le *New-York Herald* fut assailli de réclamations, de menaces, de procès, l'éditeur lui-même fut injurié et maltraité à la Bourse ; mais le bruit qui se faisait autour de la feuille nouvelle attirait sur elle l'attention et lui amenait des abonnés et des acheteurs.

La crise financière de 1837 assura son succès : prédite par lui, annoncée jour par jour dans son bulletin financier, elle lui donna une autorité telle qu'on cessa de contester l'utilité de ses renseignements. Son exemple trouva promptement des imitateurs : ses concurrents, qui avaient été les plus ardents à le blâmer, suivirent son exemple, et la masse du public sut gré au *Herald* d'avoir résolument persévéré dans la voie nouvelle dont l'utilité n'était plus contestable.

Bennett fut également un des premiers à se rendre compte des progrès immenses que devait amener, tant dans l'industrie que dans le mode de locomotion, l'application pratique de la vapeur. « Une des tentatives les plus grandioses du siècle, écrit-il en 1835, est celle qui consiste à relier l'ancien au nouveau Monde par un service de bâtiments à vapeur. » Sans cesse ni trêve, il développa cette thèse pendant des mois, ralliant des adhérents, gourmandant la lenteur du congrès à voter une subvention et lui prédisant, ce qui arriva en effet, que l'Angleterre, plus intelligente et plus soucieuse des intérêts commerciaux, prendrait l'initiative et ferait de la compagnie projetée une compagnie essentiellement anglaise.

Un an après la publication de son premier numéro, Bennett avait pu rembourser les avances consenties par ceux qui lui avaient fait crédit pour le papier, les types, etc. Le nouveau journal pouvait équilibrer ses recettes et ses dépenses. L'éditeur, sans plus attendre, décida d'agrandir son format et affirma une fois de plus son programme. « Dans une ville comme New-York, écrivait-il, il n'y a pas de limite à l'esprit d'entreprise ; le travail, la capacité et le talent peuvent tout oser. L'année dernière, quand je commençai la publication de mon journal, sans capital et sans amis, on se moquait de moi, j'étais un fou, un cerveau fêlé. A force de travail, d'économie et de volonté, je me suis maintenu, j'ai eu raison de mes adversaires, et j'inaugure aujourd'hui dans le journalisme une ère nouvelle dont les résultats étonneront un jour l'Amérique entière. »

Ce n'est pas, on le voit, par la modestie que brillait l'heureux éditeur du *New-York Herald;* mais on ne saurait lui refuser un coup d'œil juste, une indomptable persévérance et une remarquable intelligence des transformations que la société moderne était appelée à subir, des besoins nouveaux qui allaient se manifester et du rôle que la presse était destinée à jouer. Les chemins de fer et les bateaux à vapeur, en abrégeant les distances, en facilitant les transports, ouvraient à son ambition un champ immense dans l'avenir et, pour le présent, devaient, d'après ses calculs, décupler, centupler le nombre de ses lecteurs. Aussi fut-il le premier à s'assurer, partout où cela lui fut possible, des correspondants intéressés à la vente de sa feuille. Lorsqu'en 1836 le général Houston quitta New-York pour prendre le commandement des troupes américaines qui allaient envahir le Texas, il invita Bennett à l'accompagner. Le *Herald* commençait à peine à percer, mais son éditeur n'en répondit pas moins : « Qu'irais-je faire au Texas? New-York n'est même pas assez vaste pour moi. »

En 1838, le petit vapeur *Sirius*, venant d'Angleterre, entra dans le port de New-York, salué par les applaudissements frénétiques de la population. Les magasins fermèrent, les affaires furent suspendues, on ne parlait que du *Sirius* et de la perspective brillante de la navigation à vapeur. Le *Herald* en avait le premier signalé les avantages et prédit le succès. Bennett n'hésita pas à s'embarquer et à venir en Europe. En quelques mois, il parcourut l'Angleterre, la France, l'Allemagne et l'Italie, choisissant dans chacune des capitales des correspondants à même de le bien renseigner, organisant un service de dépêches régulières. A son retour, il fit construire toute une flottille de bateaux chargés d'aller au-devant des paquebots avant leur temps d'arrêt forcé à la quarantaine et de lui rapporter en toute hâte les lettres et les journaux d'Europe.

Ses concurrents devaient l'imiter sous peine de succomber dans la lutte. Il suffisait en effet de quelques heures, de quelques minutes pour décider du succès. Aux portes des principaux journaux stationnaient des armées de *news-boys* impatients qui se disputaient les feuilles encore humides pour les porter jusque dans les quartiers les plus reculés de la ville. C'était à qui des éditeurs publierait le premier l'*extra* contenant les nouvelles. Le second se vendait à peine, le dernier ne trouvait plus d'acheteurs. Bennett triomphait toujours. Semblable à un général d'armée, il dirigeait tout son monde, surveillait le tirage, répartissait à chacun sa tâche. Les chevaux les plus rapides attendaient au quai l'arrivée des sacs de dépêches, les transportaient au bureau du journal, où une nuée d'employés découpaient, traduisaient, composaient la copie aussitôt livrée aux typographes.

Constamment battus par leur heureux rival, ses concurrents imaginèrent de faire cause commune contre lui, de réunir leurs ressources. Ils organisèrent des relais plus fréquents, des bateaux plus rapides. Rien n'y fit; la lutte fut acharnée, mais courte. Le sang-froid de Bennett, son coup d'œil juste et prompt, l'admirable organisation de son état-major, l'amour-propre surexcité de ses employés, largement payés, triomphèrent de toutes les résistances. On raconte encore dans les bureaux des journaux de New-York les principaux incidents de ces luttes de vitesse, ces *extra* publiés d'heure en heure, à mesure que les nouvelles d'Europe arrivaient, les piéges tendus aux concurrents. On se passionnait, on engageait des paris comme on le fait pour les courses de chevaux, et des sommes importantes servaient d'enjeu. Le *Herald* était le favori, et un riche négociant de New-York offrit un jour de parier 3,000 dollars contre 500 en sa faveur sans trouver preneur.

Ce n'était pas seulement son habileté à devancer ses rivaux et son indépendance avérée qui assuraient à Bennett la faveur publique. Bien que formé à l'école du journalisme politique, il en répudiait, comme écrivain, les procédés et la forme, et lorsqu'il fonda le *Herald*, il adopta une manière à lui, qu'il appelait dans l'intimité le « genre français », et qu'ont imitée depuis les journalistes américains. Avant lui, on copiait exactement les écrivains anglais. Les articles de fond, les *editorials*, s'étalaient amplement et lourdement en colonnes serrées, coupées par de rares alinéas, et se prolongeaient de numéro en numéro jusqu'à complet épuisement du sujet traité. Une érudition indigeste en faisait le fond, un style pompeux et solennel constituait la forme. Les arguments, longuement développés, se liaient les uns aux autres par des transitions pesamment amenées. Lus séparément, ces articles étaient inintelligibles, il fallait relire toute la série ou n'avoir pas oublié, en ouvrant son journal, ceux de la veille et des jours précédents. Ces longues et pénibles élucubrations étaient signées invariablement des noms de *Honestus, Scœvola, Americus, Publius, Scipio.*

Bennett introduisit le premier dans la presse américaine l'article court, nerveux, précis, l'entrefilet, le paragraphe découpé en alinéas, le bulletin résumé des nouvelles du jour. Il abandonna le moule anglais emprunté à Addison, Junius, Swift, et conservé précieusement comme une tradition des grands maîtres. Cela lui était facile. Contrai-

rement à ses rivaux, il n'avait ni thèse à développer, ni parti à soutenir, ni système politique à
étayer laborieusement par des arguments. Il ne se
préoccupait que des faits, il les donnait le plus
souvent sans commentaire aucun, parfois avec un
commentaire sobre et précis. « Je ne vous vois lire
que le *New-York Herald* », disait un de ses amis à
un ministre anglais accrédité près du cabinet de
Washington. « C'est le seul de vos journaux qui
soit intelligible », répondit-il. Et il avait raison
alors.

Bennett portait, il y a peu d'années, sur notre
presse française un jugement curieux: « Les journaux français, disait-il, sont très en retard, quant
au format, aux annonces et aux nouvelles étrangères; mais ils ont au suprême degré l'art de la
forme. Un journal en France qui saurait s'affranchir des partis politiques, se borner comme le mien
à donner des nouvelles sur tout ce qui se passe
dans le monde, et laisserait ses lecteurs tirer leurs
propres conclusions, réussirait comme j'ai réussi. »

Où Bennett fut vraiment sans rival, ce fut dans
le parti qu'il sut tirer de l'annonce. Avant lui les
feuilles politiques, les seules qui existassent alors,
consacraient à l'annonce la quatrième page, comme
nos journaux. On la lisait à peine ; mal rédigée,
maintenue sans changement pendant des semaines
et des mois dans le même cadre loué à l'année,
souvent même à crédit, elle rapportait peu au né-

gociant, moins encore au journal. Le prix élevé de l'abonnement, en limitant à un petit nombre de lecteurs la circulation de la feuille, paralysait l'annonce. On tournait dans un cercle vicieux, car on ne pouvait élever le prix de cette dernière qu'à la condition d'augmenter le tirage et de réduire le prix de vente. Bennett, en mettant son journal à la portée de tous au prix réduit de 15 francs par an, s'assurait une circulation considérable, mais ruineuse, à moins de combler et au delà le déficit par une extension considérable donnée à l'annonce. Il y réussit en remaniant le système en usage, en y introduisant la variété et la clarté.

Aucune annonce ne pouvait paraître plus d'une fois, à moins d'être modifiée ou renouvelée. Insérée sous des rubriques spéciales, elle ne pouvait en rien se distinguer des autres, le type était uniforme, le prix le même. Les offres et les demandes étaient classées par catégories dans lesquelles chacun, suivant sa convenance, savait trouver ce qu'il cherchait. Lorsqu'en 1845, Bennett fut sollicité par l'administration fédérale de reproduire les avis officiels, il s'y refusa péremptoirement, alléguant qu'il ne reconnaissait pas à l'État le droit de fixer lui-même le prix qu'il lui convenait de payer, et n'admettant pas, disait-il, que le gouvernement jouît d'une faveur refusée aux simples particuliers. L'annonce est en effet tellement entrée dans les mœurs aux États-Unis, que le gouvernement lui-même y a constamment recours, et se sert de ce moyen pour soutenir les journaux qui lui sont dévoués. Bennett déclara qu'entendant maintenir son indépendance et la mettre à l'abri de tout soupçon, il n'insérerait aucune annonce ministérielle.

Il pouvait s'en passer. Ce mode de rapports entre le consommateur et le producteur joue aux États-Unis et en Angleterre un rôle dont nous n'avons aucune idée. L'annonce est, pour la race anglo-saxonne, le premier et le dernier mot, l'âme même du commerce. Elle envahit tout, on la retrouve partout ; nouveau Protée, elle emprunte toutes les formes ; mais c'est surtout dans les journaux qu'elle se produit comme un des rouages essentiels et organisés de la vie de tous les jours. Le grand négociant qui offre en vente un chargement entier y a recours aussi bien que la modeste maîtresse de maison à la recherche d'une « bonne pour tout faire ». Appartements à louer, chevaux et voitures à vendre, mobiliers à céder, offres d'association, tout s'y trouve. Sous le titre *personal* s'établit une correspondance complète dont les seuls intéressés ont la clef. On y coudoie drames et comédies, romans d'amour, plaintes touchantes, avis grotesques. Le tableau est complet.

En parcourant ces colonnes serrées, on peut, mieux et plus facilement que par tout autre moyen, se faire une idée des mœurs, coutumes, civilisation, de ce peuple nouveau, dont les uns ont fait le type achevé du progrès moderne, dont les autres dénoncent la corruption et prédisent la ruine prochaine, que l'on accable de louange et de blâme également peu mérités, et que l'on juge sans le bien comprendre.

Les chiffres donneront une idée de ce qu'est l'annonce. Nous avons sous les yeux un numéro du *New-York Herald*, feuille quadruple, dans laquelle nous constatons *huit* colonnes d'articles divers, *trente-huit* colonnes de nouvelles télégraphiques et autres, et *cinquante* colonnes d'annonces, en tout *quatre-vingt-seize* colonnes. Notons que tout a été composé à nouveau, que pas une ligne, même des annonces, n'a paru dans le numéro de la veille et ne paraîtra dans celui du lendemain. Pour imprimer ce numéro, on a employé en tout 849,550 lettres. Le tirage a absorbé plus de *onze* tonnes de papier. La composition seule a coûté 600 dollars. Joignons à cela le traitement des rédacteurs et des correspondants, celui des plieuses et des vendeurs, le coût des télégrammes de toutes les parties de l'Union et du monde entier, — et on se rendra compte de cette immense machine qui s'appelle le *New-York Herald*. Le *Times* de Londres est loin d'en approcher, et pourtant il publiait il y a peu d'années l'avis suivant : « Notre édition d'aujourd'hui se composera de 24 pages. Il y a cinquante ans, nos annonces s'élevaient à 150 par exemplaire, aujourd'hui elles atteignent 4,000. » Les chiffres que nous relèverons plus loin constateront combien l'Angleterre est dépassée par les États-Unis tant par le nombre des journaux que par l'importance de leur tirage.

Bennett fut également le premier à signaler le conflit inévitable qui se préparait entre les États du nord et ceux du sud, et à résister à la pression exercée par les hommes politiques du parti républicain pour précipiter la crise.

La guerre déclarée, il organisa immédiatement dans ses bureaux un bureau spécial du sud où se dépouillaient les journaux, les dépêches, les lettres de ses correspondants répartis dans les différents États confédérés. Il affecta aux dépenses de ce travail une somme de *deux millions cinq cent mille francs*, et débuta par donner une liste exacte des différents corps d'armée du sud, avec leurs forces en cavalerie, infanterie, artillerie, l'indication précise de leurs dépôts, les noms des commandants et officiers. Les détails étaient si précis que ses rivaux l'accusèrent d'avoir des intelligences dans le camp ennemi. Rappelant habilement son opposition à la guerre, sa partialité apparente pour le sud, on insinua qu'il continuait par cet exposé formidable à soutenir la cause de l'esclavage et à trahir le nord ; mais où le déchaînement ne connut plus de bornes, ce fut deux jours après la fatale bataille de Bull's Run. L'opinion publique, mal renseignée par le gouvernement, considérait cette première bataille rangée comme indécise, lorsque parut un *extra* du *Herald* annonçant que les troupes fédérales avaient été battues complètement et donnant une liste complète et nominative des tués et des blessés.

Les bureaux du ministère de la guerre furent immédiatement assiégés par une foule inquiète. Le ministre fit répondre qu'il n'avait pas de détails et ne comprenait pas comment le *New-York Herald* avait pu en donner d'aussi complets. Accusé hautement de connivence avec l'ennemi et de publication de nouvelles fausses, Bennett provoqua la nomination d'une commission d'enquête. Il mit sous les yeux des membres les lettres et dépêches de ses correspondants, les listes partielles envoyées par eux, soigneusement contrôlées ; il dépouilla et résuma devant eux le travail énorme de son bureau spécial où s'agitait jour et nuit une armée d'employés ; il les congédia émerveillés et parfaitement édifiés sur l'authenticité des pièces et sur la manière dont il se les était procurées. Le ministre de la guerre constata officiellement ce résultat et écrivit à M. Bennett pour le remercier et le féliciter de ses *efforts patriotiques*.

La circulation du *Herald* doubla presque instantanément, et l'on vit pendant toute la durée de la guerre ce curieux spectacle d'un journal renseignant le public et l'administration elle-même sur

la marche, les revers et les succès de ses troupes,
devançant les informations officielles, osant dire
toute la vérité dans les circonstances les plus critiques. Ce fait constate combien est entière la liberté de la presse aux États-Unis : aucune entrave
administrative, aucune loi spéciale ne la limite.
Si ce régime, ou plutôt cette absence de régime,
offre des inconvénients, il présente aussi d'immenses avantages ; c'est à lui que les États-Unis
ont dû de s'affranchir du joug de l'Angleterre, c'est
à lui aussi qu'ils sont en partie redevables de leur
prospérité de 1775 à 1861. Pendant la crise terrible
de la guerre de sécession, ils lui ont dû de con-
naître toute la vérité, de mettre leurs efforts à la
hauteur du péril.

Lorsque le président Lincoln fit le premier appel
de 75,000 hommes pour briser la résistance du sud,
les journaux dénoncèrent cette levée comme insuffisante. « Trois cent mille hommes ne suffiront
pas », osèrent-ils dire. Pendant la guerre, nous les
voyons railler le prétendu mouvement tournant
de Mac-Clellan. « Appelons les choses par leur nom,
disait le *New-York Herald*, ce prétendu mouvement
est une retraite devant des forces supérieures. »
Constamment tenue en éveil, surexcitée par la
presse, l'opinion publique ne s'égara pas : elle entendit la vérité et sut la comprendre ; elle ne s'en-
dormit pas dans ce calme menteur d'où un peuple
ne sort qu'exaspéré contre son gouvernement et

sans confiance en lui-même. Nous en avons fait une triste et douloureuse expérience. Le silence de la presse est aussi fatal au pouvoir qui l'impose qu'au peuple qui le subit.

La guerre civile terminée laissait le nord vainqueur, mais épuisé d'hommes et d'argent. La dette fédérale s'élevait à plus de 14 milliards de francs. En quatre années le gouvernement avait demandé au crédit plus de 13 milliards, sans compter les impôts. L'or était monté jusqu'à 285, c'est-à-dire que l'on donnait 285 dollars en papier-monnaie pour 100 dollars en numéraire. La ruine absolue du sud entraînait celle de nombreuses maisons de commerce, de banques et de particuliers du nord, créanciers des planteurs pour des sommes considérables, et dont les créances ne reposaient plus que sur des ruines fumantes et un sol sans valeur depuis que l'émancipation des esclaves le laissait sans culture. Le pays était inondé de papier-monnaie, le numéraire avait disparu. A la fin de 1864, la circulation des *greenbacks* dépassait 3 milliards 1/2.

Le gouvernement et la presse abordèrent l'examen des questions financières avec la même liberté d'allures. Toutes les opinions se produisirent librement, furent examinées, discutées dans les journaux, et, quoi qu'on ait dit et pu dire de la corruption administrative aux États-Unis, il n'en est pas moins vrai qu'en quelques années le crédit fut rétabli sur des bases solides, et qu'aujourd'hui les fonds publics américains constituent un placement de premier ordre.

Sans doute on peut relever à la charge de l'administration actuelle nombre de faits scandaleux. On a vu un ministre de la guerre spéculer sur les contrats, trafiquer de son influence. Il n'est pas le seul, et la presse américaine ne s'est pas fait faute d'étaler au grand jour toutes les plaies honteuses de l'administration; mais il faut tenir compte aussi du droit qu'elle possède de tout dire, droit dont elle use et abuse. Pourtant les plaies dévoilées sont les moins dangereuses; celles que l'on ignore ou que l'on cache par crainte du scandale n'en existent pas moins, et, comme un cancer dissimulé, elles s'étendent, se propagent et causent d'incalculables ravages.

En 1866, Bennett céda à son fils la direction de son journal. Nous avons vu qu'il avait débuté dans sa carrière d'éditeur avec 500 dollars (2,500 francs). Il se retira avec une fortune personnelle de *vingt-cinq millions de francs*. Un de ses amis lui demandait alors s'il était vrai, comme le bruit en courait, qu'il songeait à vendre le *Hérald*. « Il n'y a pas de capitaliste à New-York assez riche pour l'acheter », répondit-il. Il avait raison, et lorsque son fils en prit possession, l'estimation faite fut de 20 millions de francs.

James Gordon Bennett J<sup>r</sup> continue à marcher

sur les traces de son père et à maintenir le *Hérald* au premier rang de la presse américaine. Actif et énergique, il s'est signalé lui aussi par certains faits que ses adversaires qualifient de gigantesques réclames. Nous en citerons quelques-uns : au lendemain de la bataille de Sadowa et de la paix conclue avec l'Autriche, le roi de Prusse prononça un discours important à l'ouverture du *Reichstag*. Le correspondant à Berlin du *New-York Herald* se présente au bureau du télégraphe quelques heures après et remet à l'employé étonné le discours du roi, en le priant de le télégraphier à New-York. « A New-York ! mais il me faut le temps de calculer ce que cela coûtera, c'est une somme énorme. — Télégraphiez toujours, dit le correspondant, déposant 50,000 francs sur le bureau, nous compterons après. » Tout compte fait, la dépense était de 36,000 francs, mais le *Herald* publiait le discours à l'heure même où il paraissait dans les journaux de Berlin.

En 1868, il fit mieux encore : il envoya Stanley, devenu fameux depuis, en qualité de correspondant à la suite de l'armée du général anglais Napier, qui entrait en Abyssinie. On attendait avec une vive émotion à Londres les nouvelles de cette expédition hasardeuse. Stanley, à la disposition duquel le journal avait mis des sommes considérables, trouva moyen de gagner de vitesse, à l'aide de relais organisés d'avance, les courriers du général en chef. Le *Herald* fut le premier à annoncer les succès obtenus et à envoyer de New-York au gouvernement anglais, par le télégraphe, les nouvelles impatiemment attendues. On n'a pas oublié enfin que, sur l'ordre de son éditeur, Stanley se rendit en Afrique, retrouva Livingstone, et devança si bien l'expédition anglaise envoyée à la recherche de l'illustre voyageur, qu'il revenait à Zanzibar, son but atteint, au moment où les explorateurs se mettaient en marche pour pénétrer dans l'intérieur de l'Afrique. Ce résultat extraordinaire, dû à l'initiative d'un simple journaliste, parut si peu vraisemblable, que l'on commença par révoquer en doute les récits de Stanley et que l'on n'y ajouta foi que le jour où il remit à la Société géographique de Londres les lettres et le journal de Livingstone lui-même. Réclame pour réclame, celles-là ont du moins le mérite d'une incontestable utilité.

Si nous avons choisi le *New-York Herald* pour en faire l'objet d'une étude particulière, c'est que son histoire résume mieux qu'aucune autre celle du journalisme moderne aux États-Unis. Il nous a paru curieux de constater les résultats d'une entreprise aussi hardie qu'originale : fonder dans un milieu moderne un journal indépendant de tout parti politique, ne relevant d'aucun, ne professant aucune opinion, ne s'attachant qu'à fournir des faits exacts et laissant ses lecteurs dégager eux-mêmes leurs impressions et tirer leurs conclusions. Le succès éclatant du *Herald* prouve, qu'aux États-Unis tout au moins, la réussite est possible dans ces conditions, et qu'un journal peut vivre et prospérer sans lier son existence à celle d'un parti politique quelconque.

A côté du *Herald* vivent et prospèrent également nombre de journaux appartenant à cette catégorie. Parmi les plus célèbres, nous citerons le *New-York Tribune*, fondé en 1841 et dirigé pendant trente et un ans avec un incontestable talent par Horace Greeley, qui disputa en 1872 la présidence des États-Unis au général Grant, et n'échoua que de quelques voix. Le *New-York Times*, édité par Henry J. Raymond, le *Ledger*, le *World*, le *Sun*, occupent également dans la presse américaine un rang important.

Nous avons sous les yeux le relevé statistique de la presse aux États-Unis en 1870 ; nous en extrairons quelques chiffres qui ont leur éloquence. A cette date, il se publiait 5,871 feuilles, comptant 20,842,475 abonnés. Le tirage annuel de tous ces journaux réunis dépassait 1 milliard 1/2 d'exemplaires, pour une population de 38,555,000. Si nous comparons maintenant la presse des États-Unis à celle des autres pays, nous arrivons aux résultats suivants : en 1870, l'Angleterre comptait 1,456 journaux, la France 1,700, la Prusse 809, l'Autriche 650, la Russie 338, l'Italie 723. Un calcul *approximatif* portant sur le monde entier donne un total, moins les États-Unis, de 7,642 journaux et publications périodiques de toute nature. Si l'on rapproche ce total de celui des États-Unis, on se rendra compte de l'immense développement de la presse chez ce peuple, qui vient de célébrer le premier anniversaire séculaire de son indépendance. C'est en parlant de cette presse que William Thackerey écrivait : « Voyez-la, elle ne repose jamais. Ses ambassadeurs parcourent le monde entier, ses messagers sillonnent toutes les routes, ses correspondants marchent à la suite des armées, ses courriers attendent dans l'antichambre des ministres : elle est partout. Un de ses agents intrigue à Madrid, un autre relève la cote de la bourse de Londres. La presse est reine. Gardienne des libertés publiques, son sort est lié au leur ; elles vivront ou périront ensemble. »

# LE SOCIALISME AUX ÉTATS-UNIS

ET

## L'INVASION CHINOISÉ

---

Dans le dernier congrès tenu à Berlin, le comte Schouvalof, représentant de la Russie, crut devoir en quelques mots discrets appeler l'attention de ses collègues sur un côté de la question asiatique dont l'Angleterre et les Etats-Unis se préoccupent à juste titre. Faisant allusion à ces centaines de millions d'êtres humains qui habitent l'empire chinois, il a signalé le danger qu'ils pourraient faire courir, non seulement à l'empire anglais et à l'Amérique, mais au monde entier, le jour où, s'appropriant les armes d'une civilisation qu'ils haïssent, s'autorisant des traités qu'elle leur impose, ils les tourneraient contre elle et franchiraient des barrières désormais impuissantes à les contenir. En soulevant incidemment cette grave question, le comte Schouvalof n'était que l'écho autorisé de craintes qui, pour se manifester loin de nous et sous une autre forme, n'en sont pas moins réelles. Les journaux américains ont été les premiers à commenter, avec la vivacité que donne le sentiment du danger, l'avis opportun du représentant de la Russie. On ne saurait s'en étonner, car les liens de sympathie et de confiance qui existent entre les cabinets de Saint-Pétersbourg et de Washington ne sont un secret pour personne. La guerre de Crimée les a mis en plein jour, et il y a peu d'années encore, quand un conflit semblait imminent entre la Russie et l'Angleterre, c'est vers les États-Unis que l'empire russe tournait les yeux, assuré de trouver dans le concours des hardis croiseurs américains un appoint redoutable pour une lutte maritime.

Quelles que soient les influences auxquelles le comte Schouvalof a obéi, ce qui est vrai c'est que le péril signalé par lui grandissait chaque jour. Lentement, mais sûrement, la Chine envahissait les États du Pacifique. San-Francisco jetait un cri d'alarme, le Congrès des États-Unis était mis en demeure de prendre des mesures énergiques, le président assailli par les réclamations des représentants de la Californie, et le *London Times* lui-même déclarait que « la question chinoise pouvait être à bref délai plus menaçante pour la république américaine que ne le fut la question de l'esclavage, attendu que l'immigration des noirs n'était pas volontaire et cessait avec la suppression de la traite, tandis que les émigrants chinois affluent et qu'il est impossible de dire quand ce mouvement s'arrêtera. » Devançant l'action toujours lente et mesurée des pouvoirs publics et de la diplomatie, le parti radical socialiste s'était emparé de la question. Il l'agitait dans les *meetings*, la débattait dans la rue, passionnait les esprits, menaçant les autorités locales et le pouvoir fédéral lui-même.

En effet, la misère et la famine aidant, l'émigration s'accentuait. Les provinces du nord de la Chine souffraient d'une effroyable disette, et ces masses humaines, lentes à s'ébranler, difficiles à contenir, suivaient l'irrésistible courant qui les poussait vers les ports et venaient demander à la Californie des moyens de subsistance que leur sol refusait et que leur gouvernement était impuissant à assurer. Le mouvement était encouragé et facilité par six grandes compagnies, représentées à San-Francisco par des maisons chinoises de premier ordre, et aussi par la compagnie à vapeur du Pacifique, qui fait entre la Chine, le Japon et la Californie un service régulier en concurrence avec la malle anglaise des Indes par la Méditerranée.

Lorsqu'en 1848 la découverte de l'or sur les bords du Sacramento provoqua en Europe ce grand courant d'émigration qu'activaient encore les événements politiques et les commotions sociales, la Chine resta impassible. Les nouvelles et les idées s'infiltraient lentement à travers ses ports à peine entr'ouverts au commerce étranger et franchissaient péniblement le cordon sanitaire dont l'administration chinoise enserrait encore le Céleste-Empire. Cependant tout manquait sur la terre de l'or. Les navires allaient chercher au Mexique, en Australie, à Hong-Kong des vivres, des outils, des vêtements. La Chine fournit le thé, le sucre, et, dans les ports, quelques matelots chinois, émigrants désespérés ou séduits par les récits de fortunes rapides et d'inépuisables placers. Ces premiers venus réussirent. Les uns retournèrent, les autres firent parvenir des nouvelles favorables; mais la difficulté des communications, le prix élevé du passage, le défaut d'organisation et surtout l'inertie fataliste de la race s'opposèrent d'abord au courant de l'émigration. Ce ne fut guère qu'en 1855, sept ans après la découverte de l'or, que le mouvement se dessina. De 1855 à 1860 la moyenne annuelle des Chinois débarqués à San-Francisco s'élève à 4,530. De 1860 à 1865 elle est de 6,600. De 1865 à 1870 elle atteint 9,311, et de 1870 à 1875 elle dépasse 13,000. En 1878 on estimait la population chinoise en Californie à plus de 150,000 âmes, et ce chiffre s'accroissait chaque année dans des proportions telles que le nombre des résidents chinois égalait à peu de chose près le nombre total des électeurs de l'État.

Ainsi en quinze années, la moyenne annuelle de l'immigration chinoise avait triplé, alors que, loin d'augmenter, le grand courant de l'immigration des États de l'est et de l'Europe diminuait. Si l'on tient compte maintenant de ce fait que la Chine contient près de 400 millions d'habitants, que la misère y est extrême, que nombre de Chinois en sont réduits à chercher sur les grands fleuves une nourriture précaire, qu'une mauvaise récolte suffit, comme en 1877, pour compromettre l'existence de 70 millions d'êtres humains, les craintes des hommes d'État américains ne sembleront pas exagérées. Si rien ne venait entraver le mouvement, avant la fin du siècle la Chine aurait complètement envahi la Californie et, poussant en avant ses flots d'émigrants, elle s'acheminerait vers les plaines riches et fertiles du centre du continent américain. Une guerre d'extermination pourrait seule alors reprendre à ces Asiatiques ce qu'ils auraient pacifiquement conquis par l'unique force du nombre, du travail et de l'économie lente et patiente. Ce que serait une pareille guerre on peut aisément se le figurer, et ce nouveau conflit de races atteindrait des proportions inconnues jusqu'ici.

Déjà, dans San-Francisco même, il existe une ville chinoise. Dans l'intérieur des terres, nombre d'anciens *placers* sont occupés et exploités par les

Chinois. On les retrouve partout, maraîchers, hommes de peine, blanchisseurs, mineurs, domestiques ; ils ont peu à peu accaparé tous les métiers infimes. Ils sont sobres, et peuvent vivre avec le quart du salaire d'un ouvrier de race blanche. Ils sont travailleurs, et dans nombre de manufactures on trouve avantage à les employer. Ils sont dociles et n'ont aucune des exigences des Irlandais et des Allemands qu'ils dépossèdent peu à peu des situations subalternes. Ils sont industrieux et économes, intelligents à leur façon, habiles à tourner les difficultés qu'ils ne peuvent surmonter. On s'est bien trouvé de leur concours pour les grands travaux publics. Les entrepreneurs du chemin de fer du Pacifique ont réalisé de beaux bénéfices en substituant des équipes de terrassiers chinois aux Irlandais qu'ils employaient d'abord. Les Chinois en effet se contentaient d'un salaire réduit, travaillaient aussi vite, faisaient aussi bien et obéissaient sans murmurer. En Chine, leur salaire variait de 15 à 25 francs par mois. En Californie ils s'estiment bien payés avec 75 ou 100 francs par mois. Sur cette somme ils vivent et trouvent encore le moyen d'économiser. Aucun travailleur blanc n'y pourrait réussir. La concurrence est impossible.

Au début, la difficulté des communications, le prix élevé du passage créaient à l'immigration chinoise des obstacles presque insurmontables. En 1868 ces obstacles n'existaient pour ainsi dire plus. Les six grandes compagnies organisées dans les ports de Chine et représentées à San-Francisco par des agents chinois surveillaient, encourageaient et dirigeaient ce grand courant. Le passage avait été successivement réduit à 200 francs, puis à 150. On l'avait abaissé enfin à 60 francs. Si l'émigrant volontaire était dans l'impossibilité de payer cette somme, l'une des compagnies traitait avec lui. Il s'engageait à payer sur le produit de son travail une minime redevance mensuelle pendant un certain laps de temps. De son côté, la compagnie lui fournissait le passage et les vivres; à son arrivée à San-Francisco l'agent le dirigeait sur le point où il trouvait de l'occupation; en cas d'accident ou de maladie elle lui assurait des soins; en cas de mort, son corps était ramené en Chine. Chaque année un ou plusieurs navires chargés de cercueils ramenaient ainsi dans le Céleste-Empire les cadavres de ceux des émigrants qui avaient succombé. Parmi cette population sceptique et indifférente à toute croyance religieuse, c'est la seule foi qui subsiste : assurés de n'être pas enterrés en terre étrangère, ils partent sans scrupules comme sans regrets. Malgré le mauvais accueil qui leur était fait, malgré les mauvais traitements auxquels ils étaient souvent en butte là où ils se trouvaient isolés, ils poussaient chaque année plus avant dans l'intérieur. Instruits par l'expérience, ils se réunissaient et commençaient à montrer partout sinon un front menaçant, tout au moins des groupes résistants, difficiles à entamer, se soutenant les uns les autres et en imposant par le nombre à des adversaires isolés.

Ils ont pour eux le droit, les traités, la loi, les principes de liberté individuelle consacrés par la constitution américaine, et la complicité ouverte ou tacite des intérêts matériels auxquels ils fournissent à bon marché une main-d'œuvre intelligente et docile. Cela est si vrai que le comité du congrès des Etats-Unis chargé de l'examen de la question le reconnaît explicitement, tout en concluant contre eux. Ici nous citons textuellement (1) : « L'émigrant chinois est à certains égards supérieur à d'autres. Il est sobre, industrieux, patient, de bonne humeur et obéissant. Il apprend facilement et s'acquitte habilement des atâche. Les Chinois ont rendu de grands services en Californie. Ils ont creusé les canaux, exploité les mines, défriché les marais, construit des chemins de fer et contribué au développement du pays. Si donc la question se posait uniquement sur le terrain des intérêts matériels, nul doute que dans le conflit qui existe entre la race asiatique et la race blanche elle ne dût être résolue en faveur de la première. »

Appelé à déposer devant le comité du congrès,

(1) *Report of the House Committee on labor and education*. Congress. February, 1878.

le juge Heydenfeldt s'exprimait ainsi : « Les négociants chinois en Californie n'ont jamais de procès. Je suis, par ma profession, en rapports cons-
tants avec des gens de toute race et de toute
nationalité, et je dois dire qu'il n'y en a pas de plus
honorables, de plus sincères et de plus loyaux que
les marchands chinois. Je ne connais pas de cas
où l'un d'eux ait cherché à frauder la douane par
une déclaration de valeur insuffisante, ou réclamé
quoi que ce soit qui ne lui fût légitimement
dû (1) ».

Pour l'emporter sur des aveux si sincères, il
faut des raisons bien puissantes. Le rapport dont
il s'agit procède à leur énumération. Toutes peuvent se résumer en un mot : *la raison d'État*. Pour
la première fois les deux races se rencontrent, se
mesurent, et la défaite de la race blanche est certaine. Sur ce terrain pacifique elle ne peut pas
lutter à armes égales. Sa supériorité intellectuelle est incontestable, mais l'autre a pour elle
le nombre, la patience et des besoins moindres.
Sans orgueil comme sans préjugés, elle s'appro-
prie les procédés nouveaux, les inventions ré-
centes. Satisfaite de peu, façonnée par la misère
aux privations, ingénieuse à tirer parti de tout,
économe avec excès, elle vit et prospère là où le
blanc ne trouve même pas de quoi subsister.

(1) Extrait du *New-York Herald* du 21 juin 1878.

Nous assistons à ce curieux spectacle des qualités d'une race invoquées contre elle-même.

Un homme d'esprit a dit que le jour où la logique entrerait en souveraine dans les choses de ce monde, elle y ferait plus de dégâts qu'un éléphant dans un magasin de porcelaines. Aussi laisse-t-on volontiers la logique se morfondre à la porte et traite-t-on d'importuns ceux qui se réclament d'elle. Les Chinois l'invoquent en Californie comme le faisaient les Incas au Pérou, les Indiens en Amerique, et le Céleste-Empire lui-même quand il refusait à l'opium et aux Européens l'entrée de ses ports que ces derniers bombardaient, estimant que partout où peut pénétrer un boulet de canon, un ballot de marchandise, une idée, peuvent suivre ce messager ailé de la civilisation. On ne prévoyait pas qu'un jour l'Angleterre émue, l'Amérique inquiète, regretteraient leur heureuse audace et combineraient une action commune ponr protéger, l'une l'Australie, l'autre ses états du Pacifique contre une invasion légale, sanctionnée par des traités qu'elles avaient elles-mêmes imposés à la Chine.

On sait la résistance que la Chine, cantonnée dans son immobilité et son isolement séculaires, a longtemps opposée aux sollicitations de la diplomatie et aux efforts de l'Europe et des États-Unis. Parlant au nom de la civilisation, des idées modernes et surtout des intérêts matériels, l'An-

gleterre affirmait, dès 1840, qu'il n'était plus permis à un empire habité par un tiers du genre hu-
main de se tenir à l'écart et d'opposer au mouvement général les barrières artificielles d'une
civilisation décrépite. Dans son indignation ver-
tueuse, elle sommait le Céleste Empire d'ouvrir ses
portes à l'opium des Indes, aux cotonnades de
Manchester et au christianisme. Elle revendiquait
hautement les droits du commerce et de libre circulation.

Le 29 août 1842, la Chine, hors d'état de résister, cédait aux exigences de l'Angleterre et signait
un traité par lequel elle lui reconnaissait droit
d'accès dans certains ports. En 1844, les États-
Unis réclamaient et obtenaient par la force les
mêmes privilèges. En 1858, l'Angleterre et la
France coalisées achevaient de briser la résistance
qu'opposaient encore les mandarins et la cour
impériale et dictaient à Pékin même un nouveau
traité qui consacrait la liberté absolue des communications, le droit sans contrôle d'entrée et de
sortie. Plus tard enfin, en 1868, le cabinet de
Washington négociant à nouveau obtenait de la
Chine l'engagement de n'apporter aucun obstacle
à la libre entrée des Américains, et garantissait
en échange aux Chinois, sur son sol, le traitement
de la nation la plus favorisée. Le négociateur de
ce traité, Anson Burlingame, ambassadeur de
Chine en Europe et aux États-Unis, était un offi-

cier américain, autorisé par son gouvernement à entrer au service de l'empire et choisi par ce dernier pour le représenter et défendre ses intérêts.

C'est par la force seule que l'on a eu raison de l'isolement dans lequel la Chine se renfermait. La force seule a ouvert les portes de ce vaste empire dans lequel pénètrent à peine quelques Européens, mais d'où sort chaque année un flot toujours grossissant d'émigrants. « La Chine, écrivait il y a peu d'années un de ceux qui la connaissent le mieux, la Chine enverra quarante millions d'hommes en Amérique et cela sans qu'on s'en aperçoive ici. La race est tellement prolifique que ceux qui resteront n'en éprouveront aucun allègement. » Pour quiconque a vu ces masses compactes, ces innombrables multitudes à la recherche de leur subsistance de chaque jour, cette assertion est d'une rigoureuse exactitude. Dès 1870, le commissaire de l'émigration aux États-Unis adressait au ministre de l'Intérieur un rapport d'où nous extrayons les lignes suivantes : « Les effrayantes proportions que l'émigration chinoise est appelée à prendre exigent l'attention de nos hommes d'État. Une race homogène, comptant près de 400 millions d'êtres humains, s'agite et se débat dans un espace insuffisant. La brèche est ouverte : ils affluent sur un sol nouveau, riche et comparativement désert. Ils sont aventureux, patients dans les difficultés, tenaces et laborieux.

Ce flot d'émigration dans sa course vers l'est a atteint ses limites naturelles ; il reflue vers le Pacifique, et, comme une marée montante, emporte et rompt les digues. La Providence a voulu que tôt ou tard, pacifiquement ou par la force, ce courant tout-puissant débordât sur le riche et fertile bassin du continent Américain (1). »

Prédit dès 1855, constaté dans ces termes en 1870, le danger grandissait chaque jour. En Australie, la race blanche, menacée dans ses moyens d'existence, réclamait des mesures énergiques et, sous la pression populaire, l'assemblée législative de la colonie discutait les mesures à prendre pour interdire l'entrée de ses ports à la race asiatique. Les griefs allégués contre elle étaient les mêmes à Queensland et à San-Francisco, avec cette différence que la question avait pris en Californie un caractère bien autrement aigu et menaçant. Le parti socialiste en effet s'en était emparé pour soulever les masses et il avait réussi à provoquer des manifestations telles que pendant quelques jours on put se croire à la veille des plus graves événements.

Le premier grief allégué contre les Chinois est celui-ci : ils vivent de peu, ils n'ont pas de famille à soutenir, ils se contentent d'un salaire infime. Leur

______

(1) Rapport officiel de John Eaton, commissaire général, à l'honorable J.-D. Cox, ministre de l'Intérieur. — Washington, 1879, pp. 422 et suiv.

vêtement est des plus simples, ils ne consomment que du riz, du poisson salé et du thé ; ils font tout venir de leur pays. Cent Chinois se logent dans un espace qui suffirait à peine à dix blancs ; et non-seulement ils n'ajoutent rien à la fortune publique, mais, ainsi que le constatent les statistiques, ils appauvrissent le pays.

L'étude des statistiques locales jette un jour curieux sur la question. Les Américains sont gens pratiques, habitués à tout résumer en chiffres. Il ressort des calculs de leurs économistes que la valeur d'un émigrant de race blanche est d'environ 1,500 dollars. En d'autres termes on estime à ce chiffre l'excédent moyen de sa production sur sa consommation; c'est sa quote-part dans la plus-value de l'actif social. Suivant eux, les Chinois non-seulement ne contribuent en rien à cette plus-value, mais encore ils prélèvent sur ce fonds commun une part considérable. Les relevés des banques constataient que dans l'espace de vingt-cinq ans (1853 à 1878) ils avaient expédié en Chine la somme énorme de 180 millions de dollars, 900 millions de francs. Or, pendant le même laps de temps, on estimait à 300 millions de francs seulement la somme que les émigrants de race blanche avaient pu économiser sur leurs salaires. Il résultait en outre de la statistique officielle des douanes de San-Francisco que, pour l'année 1877, l'exportation *d'argent* à destination de Chine s'était élevée à 90 millions de francs, sans compter ce qu'avaient pu emporter sur eux, en numéraire, les Chinois en cours de voyage. C'était un tiers de l'exportation de la Californie.

La puissance d'absorption de *l'argent*, soit en lingots, soit en espèces monnayées, par la Chine et les Indes, est d'ailleurs un fait depuis longtemps constaté. Bien avant la découverte de la Californie et de l'Australie, l'Asie avait presque épuisé le stock métallique des piastres espagnoles et mexicaines. En 1877, son importation d'argent, de toutes provenances, a dépassé 525 millions de francs. Southampton, San-Francisco, Marseille et Venise sont les principaux ports par lesquels s'effectue ce mouvement argentifère. L'importation d'or en Chine est presque nulle et représente pour 1877 environ 2 millions.

Ce qui ressort des chiffres ci-dessus, c'est la prodigieuse économie des émigrants chinois et leur force productrice. Si ces deux qualités sont un crime aux yeux de leurs adversaires, c'est que, disent-ils, le Chinois ne s'établit pas définitivement dans le pays ; il obéit à l'idée fixe du retour dans sa patrie, qui seule bénéficie des résultats de son travail. Cet argument manque de logique, car il est évident que, le jour où le Chinois deviendra un résident permanent, l'invasion marchera à pas de géant et la population américaine disparaîtra dans ces masses compactes d'Asiatiques. Sans ce double courant en sens inverse, la Californie serait depuis longtemps une colonie chinoise.

Il est facile de comprendre la haine des émigrants blancs. Ils voient dans ces nouveaux venus des concurrents heureux contre lesquels la lutte pacifique est impossible. Les Américains, de leur côté, se sentaient débordés par cette marée montante, à laquelle ils reprochaient non-seulement de ruiner le pays, mais encore de le rendre inhabitable. Aprés les économistes, parlant au nom des intérêts matériels, écoutons en effet ce que disent les moralistes : — « Les Chinois ont un genre de vie et des habitudes telles que leur présence sur notre sol est un danger permanent à tous égards. Leur malpropreté est extrême, et leurs habitations sont des foyers d'epidémie. Leurs coutumes, leurs mœurs, leurs institutions sont en tout l'opposé des nôtres. Ils haïssent ce que nous aimons, ils méprisent ce que nous admirons ; ils pratiquent comme vertus ou tolèrent comme nécessités ce que nous condamnons. Ils avilissent la femme ; pour eux le serment n'existe pas ; ils sont parjures, débauchés, sans honneur, sans religion et sans foi (1). »

Si sévère que soit ce jugement dicté par la passion, on ne saurait le déclarer tout à fait faux. Il

(1) *Report of the House Committee of Congress.* February, 1878.

est certain que l'émigration chinoise se recrute surtout parmi les classes inférieures de la population, et que là, comme partout, le vice et l'ignorance dominent. La propagande religieuse, l'instruction, l'exemple, sont-ils impuissants? A cela les missionnaires consultés ne peuvent répondre que par l'aveu de leur insuccès et de l'impossibilité où ils sont de faire des prosélytes parmi les Chinois. Dans une conférence publique, le révérend J.-S. Kalloch s'exprimait ainsi : « Je ne crois pas à la possibilité de convertir les Chinois à San-Francisco, mais j'y crois dans leur pays. Nous ne les amènerons pas au christianisme dans les conditions et le milieu où ils se trouvent ici, et j'estime qu'ils démoraliseront plus de chrétiens que nous ne ferons de prosélytes. Nous avons si peu de prise sur eux que, même en Chine, nous n'avons pu obtenir de nos catéchumènes le sacrifice d'aucun de leurs usages extérieurs, la plus légère modification dans leurs coutumes ou leur manière de s'habiller. »

Après les économistes et les moralistes, les hommes politiques viennent à leur tour déclarer que les Chinois, courbés depuis des siècles sous le joug d'un despotisme écrasant, sont incapables de devenir citoyens libres d'un pays libre. — Longtemps, disent-ils, on s'est bercé de l'idée que dans tout conflit de race la race supérieure devait fatalement absorber l'inférieure, lui imposer ses idées, ses coutumes et ses lois. L'histoire en offre en effet de nombreux exemples, mais autre chose est la théorie, autre chose les faits. Il y a des exceptions aux lois générales de l'humanité, et, si nous n'y mettons ordre, les Chinois nous le prouveront. Bien loin de se considérer comme inférieurs à nous, ils nous traitent de barbares et affichent un profond dédain pour notre civilisation. Leur insupportable orgueil prétend faire remonter la leur à une époque bien antérieure à la venue du Christ. Ils exaltent Confucius et convertissent ses maximes en lois. Cantonnés dans leurs préjugés, dédaigneux des idées nouvelles, ils forment une masse compacte, inaccessible à toute influence. En eux tout diffère de nous, la couleur, les traits, le costume, le langage, les mœurs, la religion. Deux races aussi distinctes, séparées par d'insurmontables barrières, peuvent-elles vivre côte à côte sur le même sol et sous le même gouvernement ? Si l'union entre elles est impossible, l'une des deux dominera, l'autre pliera. Laquelle ? Le nombre est la force, et la force fait le droit. Ils arrivent en flots pressés, poussés par un irrésistible courant, et à nos plaintes, à nos réclamations, on nous répond qu'ils ont pour eux le droit et les traités. — Là s'arrêtent les modérés, mais les masses, menacées dans leurs intérêts, dans leur existence, ont leur logique à elles, brutale et violente comme elles. En attendant de les montrer à l'œuvre, examinons rapidement les mesures à l'aide desquelles on se proposait de remédier au danger.

Ce qui frappe tout d'abord, c'est leur caractère essentiellement empirique et révolutionnaire. Les modérés, comme les violents, professent, sur cette question, le plus parfait dédain de la légalité, des principes et des traités. L'urgence du péril aveugle les uns, l'ignorance entraîne les autres. On s'estime en présence d'une race inférieure, et contre elle tout est permis. Chacun propose son remède; bon ou mauvais, il est admis et vient grossir la liste des mesures arbitraires que l'on somme le congrès de voter en bloc. Les uns, et ce sont les plus sages, demandent qu'un bill interdise à tout navire venant de Chine de recevoir à son bord plus de dix passagers chinois. Pourquoi dix? Il serait aussi simple et plus logique de leur dénier le droit d'entrée, et aussi celui d'acheter et de posséder des navires, ou de naviguer sous pavillon national ou étranger. Les autres insistent pour que tout émigré chinois soit tenu de payer une taxe de capitation calculée à un taux tel qu'il ne puisse l'acquitter. Mais les traités imposés à la Chine, dictés par les États-Unis eux-mêmes, s'opposent de la manière la plus formelle à ces deux mesures. Les articles 1 et 2 du traité de 1844, et l'article 4 du traité Burlingame de 1868, garantissent aux Chinois le régime commun, et les États-Unis ne pour-

5.

raient, sans se porter à eux-mêmes un coup mortel et sans s'exposer aux revendications de l'Europe, étendre à tous les émigrants des mesures aussi violentes.

On en comprend l'impossibilité et, pour tourner la difficulté, on exhume des archives nationales une décision légale en vertu de laquelle un traité conclu par le cabinet de Washington avec la tribu indienne des Cherokees a été mis de côté par l'autorité judiciaire et déclaré par elle nul et non avenu. Le procédé est simple et commode. Le pouvoir exécutif avait négocié et ratifié ce traité pour mettre fin à une guerre interminable. Plus tard, se sentant plus fort, il le fit casser par ses propres juges, reprenant ainsi sa liberté d'action. Quel recours avaient les Indiens? Aucun, et les armes achevèrent ce qu'une ruse diplomatique avait si bien commencé.

Mais, quel que soit le mépris que l'on professe pour les Chinois, ils n'en sont pas moins les maîtres d'un vaste empire avec lequel les États-Unis font un commerce considérable. Il existe en Chine des résidents américains, des intérêts américains établis non sans peine, créés non sans difficulté, et qui ne se laisseraient pas sacrifier. Il n'est pas vraisemblable que la Chine cherche à tirer vengeance d'une violation des traités en déclarant la guerre aux États-Unis. Ses jonques ne viendront certainement pas bombarder

San-Francisco; mais qui peut l'empêcher de répondre à des procédés iniques par un ordre d'expulsion des résidents américains et par un refus d'admettre les navires des États-Unis dans ses ports? On n'a pas oublié les massacres de Tientsin. Le sang peut couler encore, et une populace soulevée peut envelopper dans une haine et une vengeance communes tous les résidents étrangers.

Des mesures fiscales seraient-elles plus efficaces, et peut-on frapper d'une taxe particulière les émigrants chinois seuls dans le seul état de la Californie? Les principes posés par le nord lors de la guerre de sécession s'y opposent. On n'a pas oublié en effet que le sud s'était déclaré partisan de la souveraineté individuelle des états et qu'il prétendait que le lien fédéral constituait un pacte que chacun des états de l'Union était libre de dénoncer. Le nord a dépensé 14 milliards de francs et 300,000 hommes pour faire triompher la doctrine opposée. Peut-il la répudier aujourd'hui et admettre le vote de lois particulières et spéciales à un des états de l'union? Une fois entré dans cette voie d'exception, où s'arrêterait-on ?

Ainsi donc l'adoption de ces deux mesures constituerait une violation des traités qui pourrait être le point de départ d'une catastrophe sanglante, et une violation de principes qui aurait, dans un avenir prochain, les plus graves conséquences.

On proposait une autre mesure, logique, celle-là,
légale, mais qui n'avait qu'un défaut, celui d'être
impraticable d'une part, insuffisante de l'autre.
Organiser une grève générale du capital contre la
main-d'œuvre, s'entendre pour n'employer aucun
Chinois, donner toujours, partout, à tout prix la
préférence à l'ouvrier blanc sur l'ouvrier asiatique,
et mettre ainsi ce dernier dans l'alternative de
mourir de faim ou de quitter le pays. En théorie,
soit, mais la pratique? Que ferait-on aux récalci-
trants? et s'il y en a dix il y en aura mille. Voici
un fermier, américain, allemand, irlandais, peu
importe, qui emploie vingt Chinois. Il les congé-
die et les remplace par vingt Irlandais, qui lui
coûtent mensuellement le triple. Vendra-t-il ses
produits plus cher et dans la même proportion? Et
si à côté de lui son voisin, plus soucieux de ses
intérêts propres que des intérêts généraux, persiste à employer la main-d'œuvre à prix réduit,
que fera-t-il? La concurrence devient impossible.
L'un se ruine, l'autre s'enrichit. Emploiera-t-on
la force pour assurer le succès de cette ligue nouvelle? Mais la loi s'y oppose d'une part, et de
l'autre on ne remonte pas les courants économiques. Les mesures révolutionnaires n'y peuvent
rien. Admettons cependant le concours de toutes
les volontés, la grève organisée et maintenue. Tous
les Chinois ne sont pas hommes de peine. Il en
est de riches parmi eux, et riches et pauvres ils se

soutiennent et excellent à tourner les difficultés. Les questions économiques et commerciales leur sont familières; aucun peuple ne pousse aussi loin l'intelligence des intérêts matériels et ne connaît mieux les ressources de l'association. Depuis des siècles ils en tirent un parti prodigieux et nous en étions encore à épeler péniblement les éléments du crédit que les banques par actions, les sociétés anonymes et le papier de change existaient chez eux. En Californie ils sont propriétaires de terrains, de fermes et de mines. Ils les exploitent à bon compte. Le jour où les capitalistes américains et européens cesseront de les employer, ils travailleront pour leur propre compte et produiront à meilleur marché. Ce n'est pas sans doute en les enrichissant qu'on se débarrassera d'eux.

Enfin on suggérait la dénonciation et la révision des traités avec la Chine. Le comité du congrès auquel avait été renvoyé l'examen de la question, après avoir longuement développé dans son rapport tous les arguments qui militent contre l'immigration asiatique, concluait en recommandant au congrès l'adoption de la résolution suivante : « Le président des États-Unis est invité à ouvrir des négociations avec les gouvernements de Chine et d'Angleterre, et à prendre, de concert avec eux, les mesures nécessaires pour arrêter l'immigration chinoise aux États-Unis. » Mais en admettant que le gouvernement impérial consentît à cette révision, il insisterait certainement pour reconquérir, lui aussi, sa liberté d'action, et le premier usage qu'il en pourrait faire serait de rétablir les anciennes barrières. Puis cette révision ne serait pas une solution, il faudrait modifier et remanier les lois relatives à l'immigration aux États-Unis. La civilisation ne recule pas, et les barrières factices élevées à l'encontre des intérêts et des principes sont des digues impuissantes, promptement balayées par un torrent impétueux.

Ces considérations frappaient les yeux des plus clairvoyants, mais le courant populaire les entraînait ; impuissants à le maîtriser, ils essayaient de le diriger. Le 16 décembre 1877, M. Page, représentant de la Californie au congrès des États-Unis, adressait au président de l'Union une lettre reproduite par tous les journaux et dans laquelle il s'exprimait ainsi : « ... Je dois ajouter que la situation est telle à San-Francisco qu'une inquiétude générale se manifeste dans tout l'État. Des gens sans aveu préparent un mouvement d'insurrection dont les conséquences seraient terribles. La partie sensée de la population s'efforce de l'arrêter et fait appel au pouvoir exécutif et législatif. Convaincu que vous n'ignorez pas les dangers qui menacent la Californie, je vous supplie de prendre les mesures nécessaires pour les conjurer. »

Il n'était que temps, en effet. On ne discutait plus sur le plus ou le moins de légalité ou d'effi-

cacité des plans suggérés, on se préparait à agir,
et les chefs du socialisme se mettaient à la tête
du mouvement ; ils visaient haut et loin.

Ni la victoire qui dépasse les espérances, ni la
prospérité matérielle toujours croissante ne met-
tent les peuples à l'abri de certaines épreuves ;
l'histoire de l'Allemagne et les Etats-Unis depuis
vingt ans l'attestent. Ainsi que les individus, les
peuples sont sujets à des maladies, à des crises
soudaines et violentes que la gloire et le succès
sont impuissants à conjurer. Les idées de reven-
dication sociale ne sont spéciales à aucune nation
ni à aucune race. Devant toutes et pour toutes se
pose le menaçant problème de l'inégalité, du bien
et du mal, du juste et de l'injuste, de l'opulence
excessive et de la misère abjecte. Si riche que soit
un pays, si favorisés du sort que soient ses habitants, cette inégalité subsiste. On a cru longtemps
que les idées socialistes révolutionnaires n'auraient pas prise sur les État-Unis. La grande république américaine offrait aux déshérités de
l'ancien monde, avec une liberté absolue, des
terres fertiles et sans limites, un travail bien ré-
tribué, une égalité sociale inconnue partout ailleurs, des droits politiques accessibles à tous.
Entre le capital et la main-d'œuvre plus de lutte,
le travail menant sûrement au capital et lui dic-
tant ses lois. L'hérédité des grandes fortunes
n'existait pas, celle des grandes situations ne pou-

vait naître sous un régime aussi démocratique.
Dans cette ruche de travailleurs égaux en droits,
sur ce sol nouveau, presque sans histoire comme
sans passé, le problème de la misère semblait résolu et du même coup celui des haines sociales et
des convoitises de ceux qui n'ont pas contre ceux
qui possèdent.

Un changement s'est produit depuis la guerre
de sécession. Les grands événements entraînent
avec eux des conséquences que n'ont souvent pré-
vues ni les penseurs qui les annoncent, ni les hommes d'état qui les préparent, ni les hommes d'action qui les accomplissent. Les conditions économiques et politiques ont subi de profondes modifications, l'immigration européenne s'est arrêtée;
un tarif protectionniste, en augmentant la cherté
de la vie, a enrichi les uns, appauvri les autres
et créé dans les États du nord de vastes manufactures où des milliers d'ouvriers embrigadés ont re-
trouvé, avec la discipline de l'atelier, le régime
économique et social des grands centres manufacturiers. Là, comme ailleurs, et plus qu'ailleurs, les
mêmes causes ont produit les mêmes effets. On
sortait victorieux d'une lutte acharnée. On avait
dépensé sans compter l'or et la vie des hommes,
mais on triomphait, et le sentiment national surexcité énumérait avec orgueil les sacrifices con-
sentis et les résultats obtenus. Quand, l'ardeur de
la lutte refroidie, il fallut prendre les mesures

nécessaires au maintien du crédit de l'état, accroître les impots, surélever les droits de douanes, licencier les volontaires, alors seulement le plus grand nombre sentit ce que coûtait une guerre, même heureuse.

Que des vaincus se résignent, il le faut, nécessité n'a pas de loi ; mais que, victorieuses, elles pâtissent, c'est ce que les masses ne comprennent jamais, et leur mécontentement est en raison des illusions dont elles se sont bercées. Que l'on mesure le chemin parcouru par l'opinion publique en Allemagne depuis 1870 jusqu'à ce jour. Que reste-t-il de ces rêves de richesse, de cette prospérité sans bornes, de ces salaires exorbitants, de ces compagnies et de ces banques qui devaient donner à tous la fortune sans travail et faire affluer sur les bords de la Sprée les capitaux du monde entier ? Les rêves ont disparu, et le socialisme révolutionnaire rallie autour de ses utopies dangereuses et malsaines toutes ces illusions déçues et qui se croient trahies.

Si l'on tient compte de ce fait, que l'émigration aux États-Unis se recrute surtout parmi les mécontents et les déshérités de l'Europe, on comprendra sans peine le danger que peuvent faire naître ces éléments révolutionnaires le jour où la force des choses les rapproche et les groupe dans une action commune. Dispersés pendant longtemps sur la surface d'un territoire immense, ces esprits aventureux, ces impatients de fortune, ces déclassés énergiques et violents dépensaient dans leurs luttes contre la nature, les Indiens et les animaux, une exubérance de force vitale et des passions d'indépendance dont s'accommodait mal le régime régulier de nos sociétés modernes. Ils étaient un danger pour l'Europe, une bonne fortune pour les États-Unis. Chaque émigrant apportait son bagage de rancunes et d'ambition : l'Irlandais sa haine de l'Angleterre, l'Allemand ses théories nuageuses, ses rêves vagues d'unité et de liberté, le Français ses impatiences et ses ardeurs inquiètes, l'Anglais sa volonté âpre et froide, tous leurs misères. Au contact de la réalité, dans un isolement relatif, en face d'une perspective réalisable, les éléments malsains se dégageaient et s'évaporaient dans une atmosphère de liberté absolue. On ne rêvait plus, on agissait ; les bras étaient un capital, ils le créaient, et sur le marché de la main-d'œuvre la demande restait supérieure à l'offre.

Il n'en est plus ainsi. Est-ce un simple temps d'arrêt, résultat des épreuves traversées ? Les modifications profondes introduites brusquement dans la situation économique du pays constituent-elles une transition pénible à traverser, mais essentiellement temporaire ? L'avenir nous le dira. En attendant, le groupement s'est fait, les intérêts ouvriers menacés ont rapproché des nationalités différentes et qui se neutralisaient dans une certaine mesure, des passions communes ont éveillé des haines assoupies, et la question du paupérisme s'est dressée devant des masses qui la croyaient résolue.

On a vu, pendant la grève des chemins de fer, le rôle des nationalités diverses représentées aux États-Unis. Dans le débat soulevé par l'immigration chinoise en Californie, si nous ne trouvons pas les mêmes excès, les mêmes atteintes à la propriété, nous voyons préconiser l'emploi des mêmes moyens, et les passions soulevées confondre dans une haine commune l'émigrant asiatique et le capitaliste américain ou européen.

Si par socialiste on entend désigner quiconque s'occupe des questions sociales, tout le monde l'est plus ou moins. Quand nous parlons du parti socialiste aux États-Unis, nous entendons désigner par là ceux qui préconisent la solution des problèmes sociaux à l'aide de moyens révolutionnaires. C'est ce qu'ont voulu faire les chefs de la grève des chemins de fer, c'est ce que prétendaient faire ceux qui dirigeaient le mouvement socialiste à San-Francisco. Les Irlandais et les Allemands étaient en tête, et cela se comprend. Ils étaient les plus directement intéressés dans la question, les plus menacés dans leurs intérêts immédiats. Le travail manquait, la concurrence chinoise les ruinait. Si l'on prend par exemple les travaux d'édilité publique, il est bien évident que le conseil municipal d'une ville aussi obérée que San-Francisco préférera, quelles que soient d'ailleurs les idées personnelles de ses membres, employer des Asiatiques qui coûtent trois fois moins cher et travaillent aussi bien. Ce fut là le point de départ de la campagne entreprise. Le maire de la ville fut sommé de rompre les contrats déjà passés, puis les exigences croissant avec la misère, on le mit en demeure de s'opposer au débarquement des Chinois, enfin de procéder à l'expulsion de ceux qui se trouvaient sur le territoire de l'état. Ces prétentions insensées étaient formulées dans le langage le plus violent par les meneurs du parti, Kearney, Pickett, Knight, O'Donneil, Day et autres. Dès le début, le mouvement fut et est resté purement social. Le parti des *workingmen*, ouvriers, comme il s'intitule lui-même, avait, par l'organe de son principal orateur, Kearney, répudié hautement toute alliance avec le parti républicain et avec le parti démocrate. Il les confondait dans une haine commune, les déclarait corrompus et pourris, incapables de résoudre aucune des questions soulevées, et prétendait se substituer à eux. Les théories de l'Internationale dominaient parmi ses partisans. Les questions politiques n'existent pas, disaient-ils, il y a seulement des questions sociales, des gens qui possèdent et d'autres qui n'ont rien ; la politique a créé des nationalités diverses, elle a divisé les peuples pour les contraindre à se haïr et pour les mieux dominer ; la conclusion logique, s'il en fut, c'est d'égorger les Chinois et de courir sus à la race asiatique, au nom du grand principe de la fraternité humaine et de l'alliance des races.

Kearney n'avait pas craint d'affirmer qu'il avait derrière lui 60,000 hommes d'action, prêts à tout : « C'est assez, disait-il, pour faire trembler les riches et les contraindre à rendre gorge. » Le 19 décembre 1877 il convoquait dans la petite ville de Los Angeles, à vingt lieues au sud de San-Francisco, un meeting public de ses adhérents dans cette localité. Plus de 3,000 se rendirent à son appel, hommes résolus et déterminés, disaient-ils, à le suivre là où il les conduirait. Quelques extraits de son discours donneront une idée de la violence de son langage : « Demain probablement les journaux de San-Francisco vous traiteront de ramassis de coupe-gorge et de vagabonds. La presse californienne est à la solde des bandits, gros actionnaires de chemins de fer, tels que Stanford et Cie, de voleurs de terres, comme Billy Carr. Les autorités municipales sont les plus infâmes brigands que le monde ait vus. Je vous dis et je vous répète que les Chinois partiront. Peine de mort à qui reviendra. La constitution des États-Unis ne nous donne pas seulement le droit de dénoncer publiquement le directeur de la compagnie à vapeur du Pacifique, mais aussi le président de la république. Celui-là, nous irons le chercher à la Maison-Blanche, et nous le conduirons à la porte par les oreilles. On vous dupe depuis trop longtemps. Que font nos représentants à Sacramento? Ces gens-là vous vendent comme ils vendraient Jésus-Christ, pour un verre de bière. Plus de Chinois, achetez de la poudre et des balles. Quant à vos représentants, achetez de la corde et pendez-les haut et court. Le voulez-vous? Que ceux qui le veulent lèvent la main. Toutes les mains se lèvent. A la bonne heure, vous entendez les affaires... Il faut modifier la constitution ; il faut que l'ouvrier figure au premier rang, il faut contraindre les riches à rendre gorge. Cela fait, nous nous débarrasserons des prétendus partis démocrate et républicain, aussi voleurs l'un que l'autre. Quand nous aurons pour nous depuis le gouverneur jusqu'au dernier employé, nous licencierons l'armée, et l'armée ce sera nous (1). »

On le voit, les Chinois servaient de prétexte aux revendications les plus absurdes, mais aussi les plus menaçantes. Ce n'était pas à eux seuls que s'en prenait Kearney, mais dans le langage le plus séditieux il réclamait une révolution radicale. Les autorités s'émurent. Un mandat d'arrestation fut lancé contre Kearney et les principaux meneurs.

(1) Extrait du *Républicain* de Los Angeles, du 20 décembre 1877.

Ils ne l'attendirent pas. Prévenus aussitôt, ils se rendirent insolemment à l'hôtel de ville de San-Francisco, déclinèrent leurs noms et, se réclamant de la loi, demandèrent qu'on fixât le montant de leur caution. On exigea 40,000 dollars, plus de 200,000 francs, qui furent immédiatement souscrits.

Encouragés par ce premier succès, Kearney et ses partisans re doublèrent d'audace. Ils comptaient à San-Francisco de nombreux adhérents. La presse, ainsi qu'il l'avait dit, leur était généralement hostile, mais l'influence de la presse était assez limitée en Californie. La plupart des journaux inféodaient à un parti ou à un homme ; on les lisait, plutôt pour y chercher des renseignements commerciaux que des opinions politiques. Par contre la misère était grande et l'exaspération contre les Chinois y était plus encore qu'ailleurs entretenue par d'incessants arrivages. La plupart des autorités locales et fédérales résidaient à San-Francisco ; les meneurs résolurent d'y convoquer un *mass metting*, d'entraîner la populace et d'aller à sa tête adresser au maire et au conseil municipal une pétition qu'ils entendaient bien convertir en une sommation impérieuse. Le 3 janvier 1878 fut le jour fixé pour cette démonstration menaçante, et de part et d'autre on prit les mesures nécessaires. La loi ne permettait pas de s'opposer au meeting : le maire, M. Bryant, mit la police sur pied, enrôla des

*special constables*, avisa le commandant des troupes
fédérales, pendant que de leur côté les propriétaires et les capitalistes s'organisaient en milice,
prêts à repousser la force par la force.

A l'heure dite, la foule encombrait Farrell-
street. Une estrade dressée au milieu d'un terrain
non bâti servait de tribune aux orateurs. Wollock,
le bras droit de Kearney, ouvrit la séance par quelques mots significatifs. « La loi, dit-il, donne à
manger au voleur ; elle refuse du travail et du pain
à l'ouvrier qui meurt de faim. Nous voulons du
travail et du pain. Marchons en ordre, sachons
exiger et nous verrons qui osera se refuser à nos
justes demandes. » Kearney prit ensuite la parole :
« Si, dit-il, il n'y a pas un grand changement d'ici
à peu, on verra aux Etats-Unis la plus terrible révolution qui ait jamais éclaté. ». La procession se
mit en marche et se rendit à l'hôtel de ville, où
Kearney demanda qu'une délégation, dont il faisait partie, fût reçue par le maire. Ce dernier consentit. Kearney exposa les demandes des ouvriers.
« Si, dit-il, vous vous refusez à faire ce qui est nécessaire, je vous déclare que je ne ferai rien, moi, pour
retenir ceux qui me suivent, et que vous exposez
la ville au pillage. Il y a péril urgent. Parlez vous-
même à ces hommes, donnez-leur du travail ; si
la loi s'y oppose, dites-leur de piller un magasin,
faites-les arrêter ensuite si vous pouvez, et vous
serez bien forcé alors, de par la loi, de leur donner

du pain. » Après avoir longtemps résisté à ces sommations, le maire dut céder devant l'impatience et les vociférations de la foule. Il déclara que, tout en sympathisant avec la misère des ouvriers, il ne pouvait créer du travail pour eux. « Alors, cria une voix, débarrassez-nous des Chinois. — Je le désire autant que vous, reprit-il, et si d'ici à peu nous n'avons plus de Chinois sur notre sol, je serai le premier à m'en réjouir. » Il termina en promettant d'inviter les capitalistes à embaucher le plus grand nombre d'ouvriers possible, et de demander aux sociétés de bienfaisance de venir en aide aux plus malheureux.

Son discours, vivement critiqué le lendemain par le parti de la résistance, ne satisfit qu'à demi ses auditeurs, qui prirent toutefois acte de ses promesses et surtout de ses déclarations relatives aux Chinois. Kearney et les principaux meneurs estimèrent que c'était déjà beaucoup que d'avoir amené le maire à faire cause commune avec eux contre l'immigration chinoise. — Vous avez entendu la réponse du maire, s'écria Kearney, l'ennemi commun c'est l'Asiatique, sa forteresse c'est « Chinatown ». On désigne ainsi le quartier populeux qu'habitent les Chinois. — Emportons-la d'assaut, brûlons-la, faisons-la sauter, répondait la foule. — Soit, répliqua Kearney, mais avant, organisons-nous, et formons-nous en milice. Aux armes et vive la révolution! Aux armes! et, si la

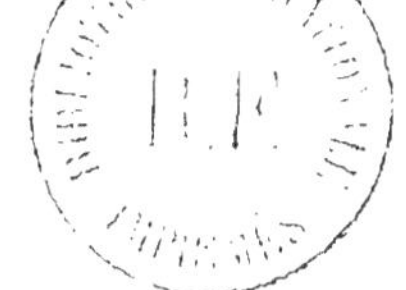

compagnie du Pacifique persiste à recevoir des Chinois à bord de ses navires, marchons en rangs serrés et faisons sauter ses vapeurs. Ecoutez, avant peu j'appellerai 40,000 hommes, et nous verrons ce qu'oseront ou pourront faire la police et les troupes fédérales.

Le lendemain le *San-Francisco Herald* répliquait que 75,000 citoyens résolus barreraient le chemin aux 40,000 hommes de Kearney. « On prêche ouvertement dans nos rues l'anarchie, la violence et l'incendie. Les autorités, incapables ou intimidées, n'osent tenir tête à l'émeute; mais nous le ferons, nous, et 75,000 autres avec nous sont décidés à mettre un terme à ces scènes odieuses. »

De leur côté, les Chinois, effrayés, se réclamaient du texte des traités et faisaient appel aux autorités fédérales pour la protection de leurs personnes et de leurs propriétés. J. G. Kennedy, représentant à Washington des six grandes compagnies, remettait au président des Etats-Unis une protestation énergique contre les menaces dont les Asiatiques étaient l'objet et demandait l'envoi immédiat d'instructions spéciales et de troupes.

La manifestation du 3 janvier avait eu pour résultat d'augmenter considérablement l'influence de Kearney et de grandir son rôle. Dès le lendemain, il procéda à l'organisation militaire et politique de ses partisans. Il est hors de doute que depuis longtemps il entretenait des rapports suivis avec les chefs du parti socialiste de New-York, Philadelphie, Chicago, Saint-Louis et la Nouvelle-Orléans. Dans toutes ces villes les socialistes ont des milices embrigadées ; sous le nom de compagnies volontaires et sous l'égide de la loi, ils s'exercent publiquement au maniement des armes ; on connaissait leurs chefs, leurs cadres et, moins exactement, le nombre d'hommes dont ils pouvaient disposer. Dans l'État de la Pensylvanie par exemple, les estimations variaient entre 60,000 et 90,000 volontaires armés et équipés. A New-York on en comptait environ 50,000. Leurs chefs étaient George Blair et Ralph Beaumont. Dans l'Ohio, à Youngstown, tous les conseillers municipaux, y compris le maire, étaient affiliés au parti.

Il se recrutait surtout parmi les émigrants allemands et irlandais et les nègres. Les premiers sont de beaucoup les plus nombreux et les plus influents. On en peut juger par les titres des principaux journaux du parti socialiste : le *Volks-Zeitung*, l'*Arbeiter-Zeitung*, le *Tagsblatt*, l'*Arbeiter-Stimme* et le *Socialistische*, qui se publient à New-York, Philadelphie et Chicago. L'Allemagne était largement représentée par le conseil suprême. Louis Huck dirigeait la section de la Bohême, F. Leib, Paul Grottkau, condamnés à Berlin, Gustav Lyser, Henry Eude, échappés des prisons de Francfort et dont le dernier avait figuré

dans les événements de la commune de Paris,
étaient au nombre des membres. La section française, peu nombreuse, avait pour chef un nommé
B. F. Millot. L'un des membres influents du conseil suprême écrivait en mai dernier : « Nous
sommes à l'œuvre non seulement dans toutes les
grandes villes, mais aussi dans beaucoup d'autres,
et nous gagnons du terrain avec une rapidité qui
nous étonne nous-mêmes. Depuis le mois de juillet
dernier, en dix mois, le chiffre de nos enrôle-
ments a quadruplé, et nous avons toute raison de
croire que cette progression se maintiendra. A
Cincinnati, les compagnies s'exercent chaque semaine, et d'une semaine à l'autre le nombre des
hommes présents sous les armes s'accroît de 5 à
8 pour cent. »

A San-Francisco, Kearney adopta le même plan.
En peu de jours, des compagnies de milice volontaire s'organisèrent sous les ordres de Knight,
Wollock et autres. Les recrues affluaient. Kearney
préparait-il un mouvement immédiat, ou bien at-
tendait-il que les choses fussent plus avancées et
que le signal de l'action fût donné par le conseil
suprême? Quoi qu'il en soit, un incident précipita les événements. Le steamer *Tokio* était attendu le 17 janvier ; il amenait à bord un nombre
considérable de Chinois.

Les plus violents du parti résolurent de s'opposer à leur débarquement, et Kearney, mis en

demeure d'agir, accepta la direction du mouvement. Dans la soirée du 15, de nombreux meetings furent convoqués, des placards menaçants affichés et l'agitation prit des proportions telles que les autorités municipales et fédérales se réunirent secrètement pour aviser. Des émissaires furent expédiés à Sacramento, capitale de l'État, ordre fut donné à la milice de prendre les armes, le commandant des troupes fédérales les consigna dans leurs casernes et se prépara à marcher. Dans la soirée du 16, Kearney, Wollock et Knight furent arrêtés et emprisonnés.

Ces mesures habilement concertées et rapidement exécutées firent avorter l'émeute. Quelques Allemands essayèrent seuls de prendre l'offensive, mais ces groupes privés de leurs chefs furent dispersés. Il n'y avait rien à faire à San-Francisco, et le mot d'ordre fut donné de se réunir à Oakland, situé de l'autre côté de la baie. On estime à 10,000 le nombre de ceux qui s'y rendirent. Conformément aux traditions, on y vota une série de résolutions, puis on s'ajourna. Quelques jours après, Kearney était remis en liberté sous une caution de 55,000 francs; Knight, Wollock et les autres en fournirent chacun une de 25,000 fr.

Au fond, l'opinion publique sympathisait avec Kearney dans sa croisade contre les Chinois; mais elle s'arrêtait là, répugnant à l'emploi des moyens violents qu'il préconisait, alarmée par le déchaî-

6.

nement des passions populaires et des idées socialistes. Kearney ne réclamait pas seulement l'expulsion de la race asiatique; il demandait une taxe sur le revenu, le mandat impératif pour les représentants, le taux de l'intérêt fixé à 7 pour 100 par an, des limites au droit de propriété, le droit au travail et la suppression de l'élection à deux degrés pour la présidence des Etats-Unis. Beaucoup n'entendaient pas le suivre aussi loin, et les intérêts effrayés lui reprochaient avec amertume de compromettre le crédit de l'État et le leur à l'étranger, d'ébranler la confiance, de paralyser les affaires et de nuire au succès de la cause même qu'il prétendait servir.

Ce que les chefs du parti socialiste ne pouvaient enlever par la force, ils se mirent en devoir de l'obtenir par les voies légales. Renonçant pour le moment à un conflit à main armée dont l'issue était douteuse, Kearney adopta comme mot d'ordre et fit adopter à ses partisans comme cri de ralliement la revision de la constitution de l'État. L'assemblée législative, réunie à Sacramento, l'avait votée en fixant les élections au 19 juin 1878. Soutenu et conseillé par quelques-uns des membres de l'assemblée ralliés à ses idées et avides de popularité, Kearney commença une campagne d'agitation pacifique. Dans tous les districts électoraux des comités se formèrent, on discuta les listes des candidats et les principaux orateurs du parti con-

voquèrent et haranguèrent de nombreux meetings.
Ce qu'ils voulaient cette fois, c'était armer l'État de
droits souverains pour résoudre la question chinoise. Ils prétendaient le délier des obligations
internationales contractées par le gouvernement
fédéral, lui donner le pouvoir de s'affranchir des
prescriptions de la constitution de l'Union, et le
droit de légiférer sans tenir aucun compte des limites imposées par le pacte fédéral. C'était soulever
à nouveau la grande question des droits des États,
tranchée par la guerre de sécession et la défaite du
sud. Tous les partisans du sud applaudirent à cette
tentative audacieuse, qui ne tendait à rien moins
qu'à amener un conflit inévitable entre le gouvernement de Washington et un des États de l'Union.
Il était évident que, si Kearney et son parti réus-
sissaient à obtenir la majorité dans la convention
et à modifier la constitution de l'État dans le sens
de l'autonomie absolue, le pouvoir fédéral se trouvait dans l'impossibilité de faire respecter les lois
et les traités et n'avait d'autre alternative que de
contraindre par la force la Californie à rentrer
dans l'Union, ou d'accepter le principe de sécession que le sud s'empresserait à son tour de
proclamer.

Ces conséquences extrêmes ne pouvaient échapper aux deux grands partis politiques qui, en Californie comme dans tous les États de la confédération, se disputaient le pouvoir. Les démocrates et

les républicains, ces derniers surtout, voyaient avec effroi ce parti nouveau qui les confondait dans un mépris commun, repoussait toutes leurs avances, se recrutait parmi leurs adhérents et menaçait de s'élever un jour sur leurs débris. Dans une conférence tenue entre les principaux représentants des démocrates et des républicains, on s'arrêta à l'idée d'une fusion dans laquelle les deux partis devaient s'unir pour la commune défense des intérêts sociaux menacés. Le gouverneur de l'État accepta d'être le chef ostensible de cette union dont les candidats, répartis en nombre à peu près égal entre les deux camps, se représenteraient au suffrage populaire sous le nom de « candidats non partisans ».

Des deux côtés on se prépara à une lutte dont l'issue semblait peu douteuse. Kearney ne pourrait, disait-on, tenir tête à une semblable coalition; on le tenait pour battu, d'autant que la division se mettait dans son camp et que deux des principaux meneurs du *workingmen's party*, Knight et Rooney, l'abandonnaient. Mais dans les rangs des fusionnistes l'accord était loin d'être complet. Les républicains et les démocrates s'épiaient d'un œil jaloux. Les premiers soupçonnaient leurs adversaires de ne répudier que du bout des lèvres les théories de Kearney, et d'avoir conservé pour les doctrines sécessionnistes une indulgence toute particulière. Pendant la guerre de 1865, les démocrates avaient secrètement sympathisé avec le sud. La défaite de leur candidat à la présidence et l'élection d'Abraham Lincoln avaient fait éclater le conflit. Depuis lors, constamment battus aux élections, ils étaient écartés du pouvoir ; en ce moment même ils affirmaient l'être injustement et maintenaient que le président ne siégeait à la Maison-Blanche qu'en vertu d'une fraude électorale gigantesque sur laquelle le congrès n'avait pas dit encore son dernier mot. Acclamée dans un mouvement d'enthousiasme, la fusion était chaque jour vivement attaquée par certains journaux républicains et démocrates qui se qualifiaient d'intransigeants et n'entendaient répudier aucune des idées qui faisaient, disaient-ils, la force et la raison d'être de leurs partis politiques.

Au milieu de ces dissensions, le *workingmen's party* gagnait du terrain. Beaucoup s'y ralliaient sans pour cela accepter la direction absolue de Kearney. Ils voulaient l'expulsion des Chinois par des voies qu'ils estimaient légales et pacifiques. Le révérend D. Kalloch, prédicateur estimé, s'unit à eux et dans un discours où il prit pour texte ces paroles : « Ne voyez-vous pas les signes des temps ? » il fit publiquement acte d'adhésion.

Les élections eurent lieu le 19 juin. San-Francisco donna une forte majorité à Kearney, dont tous les candidats furent élus avec un chiffre moyen de 13,500 voix contre 8,000 données aux

« non partisans ». En dehors de San-Francisco, treize autres comtés avaint élu des *workingmen.* Le résultat officiel, proclamé le 12 juillet, constatait que les non partisans obtenaient 83 nominations, Kearney et les siens 51, les républicains 11, et les démocrates 7. La plupart des représentants non partisans s'étaient engagés d'avance à voter avec les *workingmen* sur la question chinoise et à réclamer avec eux une autonomie plus complète.

Le lendemain du vote, les journaux socialistes annonçaient que Kearney se proposait, aussitôt que le résultat des élections serait officiellement proclamé, de se rendre à New-York, où, disaient-ils, 50,000 adhérents attendaient pour le saluer de leurs acclamations le chef du parti en Californie. De là, il irait à Chicago. On sait le rôle important que cette dernière ville avait joué dans la grève des chemins de fer.

Mais Kearney, non plus que les promoteurs du mouvement socialiste à New-York et dans les autres grandes villes de l'Union, ne possédait la notoriété et l'influence nécessaires pour rallier en un même faisceau ces forces éparses et destructives. Comme eux, il avait pu réussir à entraîner la populace, conquérir une popularité bruyante et malsaine, mais ses allocutions violentes et passionnées alarmaient les intérêts, effrayaient les modérés.

Un chef manquait au parti. Il devait surgir dans des rangs où l'on n'était guère en droit de l'attendre. C'était un homme dont la carrière accidentée était bien connue aux États-Unis, dont le nom avait traversé l'Atlantique, qui avait occupé de hautes positions militaires et civiles, et qui aspirait ouvertement à la présidence des États-Unis. Le 4 juillet 1877, jour anniversaire de l'indépendance des États-Unis, alors que toutes les voix autorisées s'élevaient d'un bout à l'autre de l'Union pour célébrer le patriotisme des héros de l'indépendance, le général Benjamin Butler prononçait un discours qui eut un grand retentissement, et dans lequel il se posait comme le défenseur et le chef du *workingmen's party*, et sollicitait ses suffrages pour l'élection présidentielle.

Né dans le New-Hampshire en 1818, Ben Butler, comme on le désigne familièrement aux États-Unis, suivit d'abord la carrière légale. Il se signala dans la vie politique comme membre du parti démocratique et fut élu par lui sénateur de l'État de Massachusetts, en 1850. Il aspirait dès lors au poste de gouverneur de l'État. Quand éclata la guerre de la sécession, il était brigadier général de la milice. Le parti démocratique sympathisait avec le sud. Ben Butler rompit avec lui, se rallia au parti républicain, qui venait d'affirmer son triomphe par l'election d'Abraham Lincoln, et sollicita un commandement. Il obtint celui du fort

Monroe, puis en 1862 fut chargé de l'expédition dirigée contre la Nouvelle-Orléans. Le 24 avril 1862, la flotte fédérale, commandée par l'amiral Farragut, forçait les passes du Mississipi, et Butler prenait le commandement de la ville. Il se signala par des mesures violentes et des rigueurs exagérées contre ses anciens coreligionnaires politiques, et se rendit célèbre par son fameux ordre du jour dirigé contre les femmes de la Nouvelle-Orléans, qui ne lui ont pas pardonné l'outrage qu'il leur infligeait.

Relevé de son commandement et remplacé par le géneral Banks, il rentra dans l'armée active, mais échoua devant Pétersbourg et le fort Fisher. A la suite de ce double insuccès, il se retira. En 1866, le parti républicain, reconnaissant de ses services, le nomma membre du congrès, et le réélut jusqu'en 1874. Depuis lors, retiré de la vie politique, il s'était tenu à l'écart, méditant et préparant l'évolution qu'il venait d'accomplir.

Les partis sont rarement scrupuleux sur le choix des hommes et des moyens : aussi, tout en conservant contre le général Butler des défiances légitimes, le *workingmen's party* accueillait avec transport cette recrue nouvelle, dont l'habileté était bien connue, et dont l'ambition visait la magistrature suprême.

En face de lui et contre lui, le parti républicain posait la canditure du général Grant. Ses allures autoritaires, ses tendances aristocratiques, les grands services qu'il avait rendus, le désignaient comme le chef du parti qui voulait à tout prix maintenir, avec l'Union, le lien fédéral déjà fortement tendu. Dans un article très remarqué, le *World* résumait ainsi l'opinion des classes modérées et intelligentes sur la rivalité de ces deux hommes : « C'est un spectacle étrange de voir ces deux anciens démocrates convertis au républicanisme, compagnons d'armes, ennemis personnels, finalement alliés politiques, aujourd'hui opposés l'un à l'autre, l'un affectant de représenter le radicalisme et l'autre se posant comme le champion des conservateurs, le protecteur des droits acquis, le défenseur du capital, le précurseur de la division de la société par classes et de la consolidation du gouvernement entre les mains d'une aristocratie inamovible, Il y a quelque chose de grotesque dans la rivalité de Butler et de Grant, mais aussi quelque chose de terrible. Tous deux sont impérieux et sans scrupules, et le succès de l'un ou de l'autre serait gros de dangers publics. L'inévitable révolte contre l'impérialisme de Grant nous rapprocherait du socialisme, et l'inévitable réaction contre le radicalisme de Butler nous rejetterait vers la dictature. Sachons nous contenter de la république telle que nous l'ont laissée nos pères, gardons-nous du bonnet rouge et de la couronne d'or. »

Ainsi firent-ils et, lorsqu'en 1880 s'ouvrit la campagne électorale, les conventions républicaine et démocrate écartèrent Grant et Butler, la première portant James A. Garfield, la seconde Windfield S. Hancock. Une fois de plus le candidat républicain l'emporta et Garfield fut élu. Mais la question subsiste ; chacun sent que le problème qui s'impose est complexe et que, si dans certains États les principes sociaux sont en jeu, dans tous et par tous la question de l'autonomie est de nouveau soulevée ; de sa solution dépendra le maintien ou la rupture de l'Union. Pour beaucoup de bons esprits cette rupture est inévitable. Entre le nord manufacturier, l'ouest agricole, le sud planteur, il existe de profondes divergences de vues et d'intérêts. Les états du nord réclament et imposent un régime protectionniste à l'ombre duquel leur industrie grandit, se perfectionne et déjà fait une concurrence redoutable à l'Europe. Les États de l'ouest, essentiellement occupés de la culture des céréales et de l'élevage du bétail, se plaignent de payer un prix excessif pour les objets de première nécessité qu'ils se procuraient autrefois à bon compte par l'exportation européenne. Les effets d'habillement, le mobilier, la chaussure, les outils, tout a renchéri depuis qu'un droit d'entrée exorbitant pèse sur les produits étrangers. On doit un impôt à l'État, disent-ils, mais on ne doit pas de primes à ses concitoyens. Ils trouvent injuste

de payer fort cher aux fabricants de l'est ce qu'ils
se procuraient à bon compte à Manchester, Leeds
et Glascow. De là un mécontentement qui se fait
jour dans les discussions du congrès, et un rap-
prochement significatif entre eux et les États du
sud.

Ces derniers, vaincus, désarmés, ont gardé
leurs haines et leurs espérances. Eux aussi souf-
frent cruellement du régime économique imposé
par le nord victorieux. Aux rancunes de leurs
intérêts se joignent celles de leur orgueil. Ils ont
fondé la grande république; elle est l'œuvre de
leurs hommes d'État, de leurs diplomates, de leurs
généraux et marins. Ils l'ont gouvernée jusqu'au
jour où l'élément démocratique, constamment
accru et fortifié par l'émigration européenne, l'a
définitivement emporté sur leurs traditions aristocratiques, détruisant du même coup l'esclavage
qui leur servait de base et l'autonomie des États
dont ils défendaient seuls les droits souverains.
De leurs serviteurs on a fait leurs maîtres. Dans la
Caroline du sud, sur 125 membres de la chambre
basse, 90 étaient des nègres. Le baron de Hübner,
dans son remarquable ouvrage *Promenade autour
du monde*, a décrit avec une rare vérité les fureurs, le désespoir, les haines accumulées dans le
cœur des blancs, non contre leurs anciens esclaves
mais contre le nord, à leur sens auteur de tous
leurs maux. Ce qui était vrai en 1871 l'est encore

aujourd'hui. Alors l'ancien président de la confédération du sud, Jefferson Davis, parcourait triomphalement le pays, électrisant ses auditeurs, répétant à tous : Silence et espérance ! On l'accusait ouvertement de prêcher la sédition. Aujourd'hui, dans les plaintes véhémentes des états de l'ouest, les fanatiques du sud retrouvent l'écho affaibli de leurs propres griefs, et si les théories socialistes révolutionnaires répugnent à leurs instincts comme à leurs traditions, ils voient dans leurs progrès rapides une arme menaçante dirigée contre le nord, un appel à ce droit de sécession pour lequel ils ont lutté et souffert, auquel ils ont tout sacrifié et qu'ils ne désespèrent pas encore de voir triompher un jour.

Si ce jour se lève, la grande république américaine se séparera en trois groupes distincts, quatre peut-être, si la Californie, l'Orégon et les territoires du Pacifique sont assez forts pour affirmer leur indépendance. Au lien fédéral actuel, tendu à l'excès, substituera-t-on une fédération limitée ? La rupture sera-t-elle complète, ou bien les partisans de l'Union réussiront-ils à maintenir le *statu quo* au moyen d'une dictature ? Ce qui est certain, c'est que, sans le savoir ni le vouloir, l'immigration asiatique est appelée à jouer un rôle important dans l'histoire de ce grand État américain dont, il y a cinquante ans, la Chine ignorait l'existence et le nom.

# LA DOCTRINE MONROE

## ET

## LE CANADA

———

### I

La Prusse n'est pas, de nos jours, la seule puissance qui se dise ou se croie investie d'une « mission providentielle ». L'Angleterre a la sienne qui, l'entraînant chaque jour plus avant dans l'Inde, ne laisse pas de lui causer de graves soucis, et la Russie poursuit la réalisation du rêve d'Ivan le Terrible et de Pierre le Grand, montrant du doigt à leurs successeurs les murs de Constantinople et l'empire de Byzance. De l'autre côté de l'Atlantique, la grande république américaine a, elle aussi, sa mission providentielle, sa *manifest des-*

*tiny*, pour parler le langage de ses orateurs et de ses hommes d'État.

Les mots d'ordre ont leur histoire. Programmes d'un parti politique ou d'une idée nationale, ils résument, sous une forme concise, intelligible à tous, les tendances d'une époque et les aspirations d'un peuple. Le jour où, pour la première fois dans le congrès des États-Unis, le sénateur Sumner parla de la *manifest destiny* des États-Unis, le mot fit fortune, il remplaça celui de « doctrine Monroe », qu'il résumait et qu'il élevait ainsi à la hauteur d'un dogme. La « doctrine Monroe », première consécration officielle de la politique annexionniste, est, en Amérique, la source autorisée à laquelle on puise les arguments en faveur de chaque accroissement de territoire, sans se préoccuper des circonstances assez singulières qui lui ont donné naissance.

En 1823, James Monroe était président des États-Unis. Les colonies espagnoles venaient de secouer le joug de la métropole. Cette grande monarchie de Charles-Quint, sur laquelle le soleil ne se couchait jamais, achevait de s'effondrer. Après l'Europe et l'Afrique, l'Amérique lui échappait. De 1795 à 1801, nous lui avions enlevé Saint-Domingue et la Louisiane. Sous Joseph Bonaparte, ses colonies s'étaient soulevées, sous Ferdinand VII sa ruine se consommait. Le Mexique, un empire, s'affranchit le premier, puis la Plata, l'Uruguay, Buenos-Ayres, le Paraguay, le Chili, la Bolivie, le Pérou, des provinces grandes comme des royaumes, proclament et affirment leur indépendance. Sur tous les points battus, écrasés, les Espagnols cèdent après une lutte héroïque, ne conservant plus un coin de terre sur ce continent découvert, subjugué, colonisé par eux. Des merveilleuses conquêtes des Pizarre et des Cortez, de tant de sang versé, de tant d'injustices commises, de tant de richesses violemment acquises, il ne restait rien que le vague espoir d'une intervention diplomatique.

L'Europe coalisée avait renversé l'empereur Napoléon, ramené la France dans ses anciennes limites; rétabli la dynastie des Bourbons. La sainte-alliance agitait la question d'indemniser l'Espagne et de lui tenir compte de la part qu'elle avait prise à ces grands événements, en lui restituant, sinon toutes ses colonies, du moins quelques-unes d'entre elles, le Pérou et la Bolivie. Le gouvernement anglais, sans combattre ouvertement ces velléités de restauration, les voyait avec déplaisir. George IV, l'ami de Brummel et le triste époux de Caroline de Brunswick, régnait en Angleterre. George Canning remplaçait au ministère des affaires étrangères lord Castlereagh, qui venait de se suicider dans un accès d'aliénation mentale. Non content de détacher la Grande Bretagne de la sainte-alliance, le premier ministre fit inviter sous main le président des États-Unis à se prononcer contre toute tentative d'intervention de l'Europe dans les affaires d'Amérique, s'engageant de son côté à reconnaître officiellement l'indépendance des colonies espagnoles. James Monroe n'eut garde de négliger l'occasion qui lui était offerte d'affirmer hautement le rôle que les États-Unis se proposaient de jouer sur le continent américain. Dans un message adressé au congrès, il déclara qu'après l'exemple donné par les États-Unis et suivi par les colonies espagnoles, « l'Amérique devait être à l'avenir affranchie de toute tentative de colonisation et d'occupation étrangère. L'Amérique aux Américains ! »

Cette audacieuse affirmation dépassait de beaucoup les intentions de Canning. Elle mettait en quelque sorte l'Europe en demeure d'évacuer le Nouveau-Monde, et l'Angleterre, maîtresse depuis soixante ans du Canada, n'entendait nullement l'abandonner. Toutefois Canning s'en tint à quelques remontrances sur la forme ; son but était atteint. En présence du mauvais vouloir évident de l'Angleterre et du langage menaçant des États-Unis, la sainte-alliance renonça à son projet. James Monroe avait bien mérité de son pays. En 1803, ambassadeur en France, il avait signé le traité d'acquisition de la Louisiane ; en 1819 il avait négocié l'achat de la Floride à l'Espagne moyennant 25 millions de francs, et il terminait sa deuxième présidence par une déclaration dont ses successeurs devaient tirer des conséquences que l'Angleterre ne prévoyait pas alors.

C'était en effet tout un programme de politique extérieure que James Monroe venait de tracer aux États-Unis. La jeune république entrait dans une phase nouvelle. Quarante ans seulement s'étaient écoulés depuis le jour où le parlement anglais déclarait ennemi public quiconque conseillerait à George III de continuer la guerre contre les colonies insurgées. En Amérique, on était trop près de ces temps glorieux pour que le souvenir s'en fût affaibli; on en était assez loin pour avoir pansé les plaies de la guerre, restauré les finances, organisé l'administration, mesuré la tâche et les forces du nouvel État qui affirmait, après son indépendance, sa prépondérance dans le Nouveau-Monde. Les États-Unis s'estimaient déjà, et non sans raison, les représentants de l'idée républicaine, de la liberté des peuples, du droit absolu de *self-govern-ment*. Ils appliquaient à l'étude et à la solution des problèmes qui s'imposaient à eux le génie pratique, la volonté obstinée de la race anglo-saxonne, et aussi l'ardeur d'un peuple jeune, maître incontesté d'un continent encore inexploré, riche et fertile, et, comme son ambition, sans limites connues.

La décadence de l'Espagne, l'affranchissement de ses colonies, l'adoption par elles de la forme républicaine, étaient autant de succès pour les États-Unis. Une fois de plus l'Angleterre et l'Europe acceptaient les faits accomplis et donnaient au langage du président Monroe une consécration publique. *L'Amérique aux Américains* devenait le mot d'ordre, et déjà l'on affirmait que les frontières naturelles de l'Union s'étendaient du pôle à l'équateur, de l'Atlantique au Pacifique. Tel était le but assigné aux efforts des générations futures, la *manifest destiny* de la république américaine.

De cet immense territoire, elle n'occupait encore qu'un espace restreint. L'Amérique russe et le Canada la bornaient au nord. Dans l'ouest, de vastes prairies, occupées par les Indiens, s'étendaient jusqu'au Pacifique. Au sud, le Mexique et l'Amérique centrale, républiques sœurs, mais séparées des États-Unis par des différences profondes de race et de religion, élevaient des barrières difficiles à franchir. Leur population, qui dépasse aujourd'hui le chiffre de 50 millions, atteignait à peine celui de 10 millions. Mais on était soutenu par la foi dans l'avenir, et l'histoire des cinquante dernières années justifiait toutes les impatiences, autorisait toutes les présomptions. Cette Angleterre qui depuis, tenant tête à Napoléon, vainqueur de l'Europe, était devenue la première puissance du monde, on l'avait fait reculer, et en ce moment même un message du président au

congrès paralysait les intrigues de la sainte-
alliance et affranchissait l'Amérique méridionale.
L'heure était venue d'oser ; l'audace conduisait au
succès, et la politique annexionniste, inaugurée
par James Monroe, devait, favorisée par des circonstances particulières, diriger les affaires exté-
rieures de la jeune république et réaliser par
la diplomatie et par les armes les rêves les plus
ambitieux.


## II


Nos historiens européens sont rarement im-
partiaux vis-à-vis des États-Unis. Détracteurs
acharnés ou admirateurs fanatiques, ils cherchent
surtout dans l'histoire de l'Union américaine des
arguments hostiles ou favorables à la forme républicaine. En France, sous le second empire, cette
histoire a été une mine inépuisable d'articles ingénieux, de critiques fines et acérées contre les
allures autoritaires du pouvoir. Depuis, les partisans d'une restauration monarchique en ont fait
le texte de commentaires sur la corruption électorale, la désorganisation sociale et l'anarchie. Mais
c'est peut-être dans l'examen de la politique extérieure des États-Unis que les appréciations les
plus passionnées se sont fait jour. Pour les uns,

les tendances annexionnistes n'étaient que l'application d'une idée généreuse. Les autres n'y voyaient qu'une politique de convoitises, brutale et violente envers les faibles, cauteleuse et prudente vis-à-vis des forts, toujours avide et toujours dédaigneuse des engagements pris. Là où certains historiens n'admettaient qu'une force d'expansion irrésistible, que la loi fatale d'une sorte d'attraction magnétique, leurs adversaires signalaient l'existence d'une loi non moins fatale, particulière aux républiques, la propagande par le brigandage et l'annexion par la violence.

La cause véritable était ailleurs : dans l'organisation intérieure du pays et dans l'institution de l'esclavage. La politique annexionniste des États-Unis n'a pris son point de départ ni dans une idée de propagande, ni dans cette ambition démesurée qui entraînait Rome à voir dans tout voisin un ennemi et à reculer indéfiniment les limites de son empire. L'histoire de l'Union américaine ne date pas de 1783, mais de 1620. En 1783, des treize colonies insurgées, une seule, le Massachusetts, ne possédait pas d'esclaves, et si les États du nord se sont peu à peu affranchis de cette « institution » que les exigences du sol et du climat ont maintenue dans le sud jusqu'en 1865, c'est jusqu'à elle pourtant qu'il faut remonter pour expliquer la politique d'annexion. L'esclavage a été son point de départ, sa raison d'être et son but. Depuis, les circonstances ont changé ; on verra comment, avec elles, les tendances se sont modifiées et dans quelles voies nouvelles la politique extérieure de l'Union èst entrée.

On se tromperait fort en attribuant la suppression progressive de l'esclavage dans les États du nord aux théories humanitaires prêchées par Wilberforcè dès 1787 et qui ont fait explosion lors de la guerre de sécession. Le nord a abandonné l'esclavage ; le sud l'a conservé, parce qu'inutile au nord il était nécessaire au sud. Dans la nouvelle Angleterre, l'esclave coûtait cher à nourrir, cher aussi à vêtir. Dans les demeures étroites, sous un climat relativement rigoureux, l'esclave était de trop ; on répugnait à son contact. Dans le sud, au contraire, embrigadé sous les ordres des *overseers*, tenu à distance des habitations, il rendait d'utiles services. Aussi son prix augmenta, et lorsqu'en 1808 la suppression de la traite rendit l'importation des noirs difficile, les planteurs du sud rachetèrent au nord ceux qui s'y trouvaient encore. C'est ainsi que l'esclavage devint « l'institution » particulière du sud. A partir de ce jour, les éléments divers dont se composait l'Union américainé cessèrent de flotter au hasard. Deux groupes distincts se formèrent : les États à esclaves et les États libres.

Si l'égalité est possible dans une fédération entre des provinces jouissant des mêmes droits et soumises aux mêmes lois, il n'en est plus de même

quand, sous l'empire de circonstances particulières, elles se divisent en deux camps ayant chacun
des conditions différentes d'existence. Forcément
l'un des deux partis domine l'autre, s'il ne peut
l'absorber, et fait prévaloir sa volonté dans l'administration intérieure et la politique étrangère.

Plus nombreux, plus riches, plus peuplés, les
États du sud prirent en main la direction de
l'Union. Seuls, les fils des planteurs avaient le
loisir et la fortune nécessaires pour se consacrer
aux fonctions publiques. La vie large du sud,
l'habitude héréditaire du commandement, les traditions aristocratiques importées d'Angleterre et
entretenues par l'institution de l'esclavage, qui
faisait du blanc un être supérieur, tout contribuait
à former une race d'hommes énergiques et indépendants, capables de prendre et d'exercer le
pouvoir. Ils avaient fait leurs preuves pendant la
guerre de l'indépendance, et depuis. Washington,
Jefferson, Madison, Lee, Penn, Monroe, étaient
sortis de leurs rangs. Dans l'armée, dans la marine, ils occupaient les premières places. Au congrès, dans l'administration, ils se montraient
orateurs, hommes d'État, diplomates, seuls ou à
peu près seuls au courant des questions politiques,
hautains, arrogants peut-être, mais patriotes,
braves et audacieux. Leurs pères avaient fondé la
république, les fils la gouvernaient, et c'était
justice, car ils la gouvernaient bien.

Ils n'avaient pas seulement le prestige, ils avaient aussi le droit et la légalité. Aux termes de la constitution, chaque état nommait deux membres du sénat. Le sud y possédait donc la majorité. Dans la chambre basse, il était également le maître. Le nombre des représentants n'était pas fixe, mais proportionnel au chiffre de la population. Toutefois cette organisation, qui donnait la majorité aux états du sud, ne pouvait la leur assurer qu'à deux conditions. Il fallait que leur nombre fût constamment supérieur à celui des états du nord pour dominer dans le sénat ; il fallait aussi que leur population se maintînt au dessus de celle du nord pour conserver leur prépondérance dans la chambre des représentants. Or, d'une part, des territoires fertiles attiraient la population vers l'ouest, et de l'autre le flot de l'immigration européenne se dirigeait vers New-York. Rien en effet ne l'attirait dans le sud, où l'existence du « petit blanc », comme on désignait l'émigrant pauvre, était difficile et misérable, entre le planteur, souverain absolu qui le tenait à distance, et l'esclave, qui ne lui laissait rien à faire. Dans le nord, au contraire, les conditions économiques étaient autres. Pas de distinctions de classes, la terre à bon marché, le travail libre, la main-d'œuvre élevée, enfin un régime démocratique qui flattait les instincts de l'artisan et le relevait à ses propres yeux. L'immigration n'avait pas encore atteint les chiffres considérables auxquels elle devait s'élever plus tard. Le mouvement a été lent. De 1820 à 1830, la moyenne annuelle des émigrants aux Etats-Unis ne dépasse pas 15,000. Mais les hommes d'état du sud étaient trop perspicaces pour ne pas prévoir le danger qui les menaçait et pour ne pas aviser aux moyens de le conjurer.

Il n'y en avait qu'un seul : multiplier le nombre des états à esclaves ; pour cela s'étendre dans le sud, s'annexer par la diplomatie ou les armes des territoires nouveaux, situés comme les leurs dans des conditions favorables au travail servile, détourner, si possible, le courant de l'immigration, décourager la colonisation dans le nord et dans l'ouest, et diriger vers la conquête et l'annexion du Mexique toutes les forces vives de l'Union.

Dans le nord, les Etats-Unis se heurtaient aux frontières du Canada. Pendant la guerre de l'indépendance, on avait inutilement tenté d'entraîner cette colonie anglaise dans la lutte engagée avec la métropole. Le Canada n'avait aucune sympathie pour les États-Unis naissants. Depuis le jour où, sous François I<sup>er</sup>, l'Italien Verrazani en avait pris possession au nom de la France, le Canada, peuplé par des colons normands, était français de cœur. Envahie par l'Angleterre en 1759, cédée en 1763 par le traité de Paris, la Nouvelle-France, comme on l'appelait alors, ne croyait ni au succès des

Américains insurgés, ni à la possibilité pour elle-
même de redevenir française. L'Angleterre y
avait concentré des forces considérables. Québec
possédait une garnison nombreuse soutenue par
une puissante artillerie. Lorsqu'en 1775 le congrès
donna ordre au général Montgomery de marcher
sur cette ville, il échoua complètement et les
débris de l'armée américaine purent à grand'-
peine repasser le Saint-Laurent.

Puis le Canada était catholique, et l'élément
puritain dominait dans le nord des États-Unis;
ses traditions étaient monarchiques, et ses voisins
immédiats, le Massachusetts, le Maine et New-
York, étaient républicains. Tout différait alors, la
langue, les coutumes, la religion et les tendances.
L'annexion ne pouvait être que l'œuvre du temps
et de la communauté des intérêts. Les hommes
d'état du sud n'avaient garde de la favoriser. Ils
affichaient vis-à-vis du Canada un mauvais vouloir
évident. Son refus de faire cause commune avec
eux servait de texte à des allusions injurieuses. On
affirmait, non sans quelque apparence de raison,
que Québec, Montréal et les forts anglais situés
sur la ligne du Saint-Laurent étaient des menaces
permanentes pour la sécurité de l'Union, et on dé-
tournait les colons du voisinage des frontières. Les
vastes forêts du Maine, les solitudes du Michigan,
n'étaient encore explorées que par ces coureurs
de bois et de prairies, chasseurs et bûcherons,

pionniers de la civilisation, toujours en lutte avec les Indiens, et dont Fenimore Cooper a si bien décrit la vie errante et les habitudes vagabondes. Dans l'ouest, il en était autrement. Là, nulle frontière, l'horizon sans limites. On pouvait avancer. Les plaines succédaient aux plaines. Les terres fertiles de l'Ohio, de l'Indiana, de l'Illinois n'attendaient que la main de l'homme pour lui rendre au centuple le fruit de son labeur. Le sol appartenait au premier occupant. Chaque jour les trappeurs poussaient plus avant, découvrant de nouvelles vallées, des cours d'eaux inconnus, des prairies peuplées de gibier. Derrière eux marchait l'émigrant, avançant lentement, mais ne reculant jamais, disputant la terre aux Indiens qui l'occupaient comme territoire de chasse, labourant avec sa carabine sur l'épaule, tuant ou scalpé, mais frayant la voie : natures énergiquement trempées, — il les fallait ainsi pour dire à leur patrie un éternel adieu, pour franchir l'Océan et pour s'enfoncer dans ces déserts, — hommes de mœurs rudes et violentes, mais capables de défricher et de peupler un continent, habiles à manier la hache, la charrue et le fusil, dédaigneux de toute civilisation, insouciants de tous droits, traitant l'Indien comme une bête fauve et ne reconnaissant d'autres lois que celles de la force.

Dans le sud, la Louisiane française et le Mexique espagnol barraient le chemin. En 1803,

on acheta la Louisiane moyennant 80 millions.
La France évacuàit définitivement le Nouveau-
Monde. L'empereur vendait ce qu'il estimait ne
pouvoir conserver à la veille d'une guerre avec
l'Angleterre. En signant le traité de cession, il
disait à M. de Marbois : « Cet accroissement de
territoire consolide à jamais la puissance des
Etats-Unis. Je suscite à l'Angleterre une rivale
qui, tôt ou tard, lui arrachera le sceptre des mers. »
L'acquisition de la Louisiane donnait en effet aux
Etats-Unis l'embouchure du Mississipi, la possession absolue du plus grand fleuve de l'Amérique
septentrionale, la prépondérance dans le golfe du
Mexique et la possibilité d'intervenir dans les
affaires de la colonie espagnole, qui, sept ans plus
tard, proclamait son indépendance.

Entre le Mexique et les États-Unis, la ligne de
frontières, très étendue et mal définie, pouvait en
effet, à un moment donné, amener des conflits et
préparer l'annexion de nouveaux territoires. En
attendant cette occasion favorable, on détachait le
Kentucky de la Virginie, le Tennessee de la Caroline du sud, et de deux états à esclaves on en faisait quatre. Le Mississipi, l'Alabama et l'Arkansas
entraient dans l'Union et venaient grossir la majorité du sud.

Les progrès du nord étaient plus lents. Dans le
même espace de temps, il avait colonisé et fait
admettre les états de Vermont, d'Ohio, d'Illinois

et du Maine. Le sud maintenait sa prépondérance. Maître du sénat et de la chambre des représentants, il l'était aussi du pouvoir exécutif. Sur les dix premiers présidents de l'Union, huit sont des hommes du sud, et six appartiennent à la Virginie, surnommée « la mère des présidents. » On allègue souvent que la forme républicaine est incompatible avec une politique traditionnelle et que les changements fréquents de personnes sont, pour un état, une cause irrémédiable d'infériorité. On estime que les grandes entreprises, la suite dans les idées, la persévérance dans les desseins exigent l'hérédité du pouvoir dans une même famille, et qu'un président élu pour quatre ans est forcément sans influence à l'intérieur et sans crédit auprès des puissances étrangères. A quelque point de vue que l'on se place pour étudier l'histoire des États-Unis, et quelles que soient les idées préconçues que l'on apporte dans cette étude, on est forcé de reconnaître que cette théorie est démentie par les faits. Depuis un siècle, la république américaine a poursuivi son but à travers des fortunes diverses. En dépit de l'instabilité prétendue des institutions, elle a conquis son rang parmi les grandes puissances, et la constitution de 1787 a subi moins de modifications et de remaniements que celles de la plupart des états européens.

Certes, pas plus qu'une autre, la constitution américaine n'est à l'abri de toute critique ; il n'en

est pas moins vrai que sa merveilleuse élasticité
a pu se prêter aux évolutions successives de l'opinion publique, et qu'aucun parti politique, arrivé
au pouvoir, ne s'est vu dans la nécessité de la
briser comme une entrave à ses projets ou comme
une arme dangereuse entre les mains de ses adversaires. Les hommes du sud ont gouverné avec elle,
comme gouvernent aujourd'hui les représentants
du nord, et si la question de l'esclavage a mis
l'Union en danger, il importe de tenir compte de
ce fait, que la constitution n'a pas créé l'esclavage
aux États-Unis. Elle l'a subi comme un fait anté-
rieur et préexistant, et il a suffi de l'adoption d'un
amendement pour en consacrer l'abolition. On ne
saurait s'empêcher de remarquer en outre que,
pendant la guerre de sécession, le sud, non plus
que le nord, n'a songé un instant à modifier la
forme même du gouvernement ou à réclamer autre
chose que le respect absolu de la constitution.
Pour les confédérés, elle représentait le maintien
de l'esclavage ou le droit de sécession, pour les
états du nord le droit d'amendement et par lui la
suppression d'une institution particulière répudiée
par eux et par le monde civilisé. A l'heure même
où les sudistes écrasés par le nombre sollicitaient
l'intervention de la France impériale et de l'Angleterre royaliste, aucun d'eux ne cherchait à
s'assurer leur concours par l'abandon d'une forme
de gouvernement qu'ils pouvaient croire peu sym-

pathique à ces deux puissances. Pas plus que le nord, le sud ne l'estimait incompatible avec son existence comme nation indépendante. Victime de cette loi des majorités, que consacrait la constitution, il n'en exigeait pas la suppression, mais, respectueux jusqu'au bout des institutions qui avaient fait sa force et sa grandeur dans le passé, il se réclamait de cette même constitution pour affirmer son droit à l'indépendance.


### III


Si les rives fertiles du Mississipi et les provinces limitrophes du Mexique excitaient les convoitises du sud, encore puissant, mais déjà menacé, le Canada attirait de plus en plus l'attention des états du nord. Ils s'irritaient et murmuraient. Entre les mains de l'Angleterre, le Canada n'était-il pas une menace incessante ? Qu'avait-on donc à redouter du Mexique, épuisé par sa lutte avec l'Espagne, sans finances et sans armée, à peine en état de maintenir son existence, hors d'état d'inquiéter celle d'un voisin auquel l'unissaient une communauté d'origine et des institutions identiques ? Pourquoi les hommes du sud, maîtres incontestés du congrès, cherchaient-ils à entraver le développement naturel de l'Union, à l'entraîner toujours plus avant vers les régions tropicales ? Avant de songer à la conquête du continent, il importait de s'assurer contre un retour offensif de l'Angleterre. « L'Amérique aux Américains », soit, ils acceptaient ce mot d'ordre, mais la première chose à faire était, selon eux, de surveiller l'ennemie héréditaire. Maîtresse de Québec et de Montréal, elle menaçait la navigation des grands lacs, elle campait sur leurs frontières désarmées. N'avait-on pas assez fait pour le sud ? L'achat de la Louisiane, celui de la Floride pesaient lourdement encore sur les finances, et voici que l'on parlait d'entreprendre la guerre pour démembrer le Mexique. Les hommes du sud n'avaient pas le droit de sacrifier ainsi les véritables intérêts du pays. Les terres ne manquaient pas ; l'ouest se colonisait à peine, et d'immenses espaces incultes attendaient des bras pour les défricher. L'avenir des Etats-Unis était dans le nord et le *Far-West*. Là se trouvait leur véritable sphère d'action, là aussi le danger, l'ennemi sur lequel ils avaient conquis leur indépendance, mais qui, maître de la mer et du cours du Saint-Laurent, pouvait toujours les prendre à revers et tenter de les ramener sous un joug détesté.

L'antagonisme s'accentuait. Faibles et timides au début, les plaintes du nord commençaient à trouver au congrès d'éloquents interprètes et dans la presse naissante des organes passionnés : Charles

Hammond dans la *Gazette de Cincinnati*, De Witt Clinton au sénat, Hale dans l'*Advertiser* de Boston. Leur objectif, c'était le Canada, ces « quelques arpents de neige » qui avaient bu tant de sang français, cette colonie fidèle entre toutes que le caprice d'une femme avait livrée à l'Angleterre.

A ceux qui, s'autorisant de nos revers, nient le génie colonisateur de la France et lui opposent victorieusement l'exemple de l'Angleterre, l'histoire est là pour montrer que la conquête n'est pas la colonisation, et que partout où la France a passé elle a laissé des traces profondes que le temps lui-même a respectées. En Amérique, la Louisiane et le Canada attestent encore leurs sympathies françaises et conservent l'empreinte ineffaçable de notre race. Que reste-t-il aux États-Unis des traditions anglaises et des souvenirs de la mère-patrie, et si demain l'empire des Indes s'écroulait, que resterait-il de deux siècles de domination anglaise dans le cœur et dans les traditions des *ryas*? New-York est cosmopolite, Boston américaine, Chicago se germanise, mais la Nouvelle-Orléans est encore française. Cherchez aux États-Unis une ville anglaise : il n'y en a pas.

Si la colonisation consiste uniquement dans l'exploitation du sol par les immigrants et au profit de la métropole, certes l'Angleterre est la première puissance colonisatrice du monde ; mais une pareille œuvre est condamnée à disparaître le jour où, la force faisant défaut, les exploités se séparent ou s'insurgent. Toute conquête qui n'aboutit pas à une fusion ou à une substitution absolue ne peut être que temporaire. Le Portugal et l'Espagne, au seizième et au dix-septième siècles, ont su coloniser; l'un et l'autre, malgré des cruautés justement flétries par l'histoire, ont porté la civilisation aux populations indigènes dont ils occupaient le territoire; l'un et l'autre ont laissé en Amérique l'empreinte profonde de leur religion, de leurs mœurs et de leurs lois. Plus douce et plus humaine, plus sympathique aux races vaincues, la France a su se faire aimer d'elles, et l'on retrouve encore parmi les tribus indiennes de l'Amérique septentrionale le souvenir affectueux de notre colonisation. Aujourd'hui, après plus d'un siècle de domination étrangère, malgré un courant d'immigration dans lequel l'Angleterre figure pour 50 pour 100 et la France pour 7 pour 100 seulement, en dépit des intérêts politiques et commerciaux, et d'une administration souvent habile et généreuse, onze cent mille Canadiens, issus de ces quelques milliers de colons abandonnés par nous sur cette terre lointaine, forment une nationalité énergique et vivace. Fidèles aux nobles traditions du passé, ils ont su conserver intactes, au milieu de vicissitudes nombreuses, la religion, la langue et les mœurs que nous leur avons transmises. Le temps, qui efface tout et emporte tout, n'a pu affaiblir dans le

Canada français le culte désintéressé que sa population a voué au souvenir de la France.

En 1775, le Canada avait refusé de faire cause commune avec les colonies anglaises révoltées. Français d'origine, catholiques, imbus des traditions monarchiques, les Canadiens répugnaient à l'esclavage, au protestantisme et aux idées républicaines de leurs voisins. On le savait aux États-Unis, on ne l'ignorait pas en France. Dans une lettre peu connue, adressée par Lafayette à M. de Vergennes, alors ministre des affaires étrangères, et datée du Havre, le 18 juillet 1779, le compagnon d'armes de Washington propose au gouvernement français une expédition maritime à Halifax, et s'exprime ainsi : « L'idée d'une révolution au Canada paraît charmante à tout bon Français, et si des vues politiques la condamnaient, vous avouerez, monsieur le comte, que c'est en résistant aux premiers mouvements du cœur. Les avantages et les inconvénients de ce projet demandent une grande discussion dans laquelle je n'entrerai pas ici. Vaut-il mieux laisser aux Américains un objet de *crainte* et de *jalousie par le voisinage d'une colonie anglaise,* ou bien rendrons-nous la liberté à nos frères opprimés pour retrouver tous les profits de nos anciens établissements sans en avoir la dépense et les déprédations ? Mettrons-nous dans la balance du Nouveau-Monde un quatorzième état *qui nous sera toujours attaché* et qui, par sa situation, offrirait une grande prépondérance *dans les troubles qui diviseront un jour l'Amérique?* Les opinions sont très partagées sur cet article. Je connais la vôtre, monsieur le comte, et mon penchant ne vous est pas inconnu. Je n'y pense donc en aucune manière, et ne regarde cette idée que comme un moyen de tromper et inquiéter l'ennemi (1). »

Ce document, curieux à plus d'un titre, montre que Lafayette ne se faisait aucune illusion sur les chances d'une expédition au Canada, et qu'il prévoyait déjà les épreuves que devait subir la république naissante. Il est hors de doute qu'à cette époque l'annexion du Canada aux États-Unis eût assuré au nord une incontestable prépondérance et hâté la crise de sécession. La rupture se serait faite plus tôt, dans des conditions différentes, et eût abouti à une séparation définitive entre deux sections de forces à peu près égales, et entre lesquelles les haines n'auraient pas eu le temps de s'envenimer. Entraînés vers le nord par le poids du Canada, les États de la Nouvelle-Angleterre auraient suivi leur pente naturelle, et la lutte sourde et acharnée qui a précédé la crise de 1863 eût été évitée.

Lafayette avait vu juste. Le voisinage d'une colonie anglaise fut un objet de crainte et de jalousie

(1) *Revue rétrospective*, 2ᵉ série, vol. 8, p. 292.

pour les états du nord, et pour ceux du sud une préoccupation constante. En effet, si les hasards de la politique ou d'un heureux coup de main des flibustiers du Maine introduisaient le Canada dans l'Union, la majorité se déplaçait au congrès, les états de la Nouvelle-Angleterre, maîtres du pouvoir, franchissaient le Saint-Laurent et les lacs, s'étendaient jusqu'à la baie d'Hudson, poursuivaient sans crainte leur marche dans l'ouest, découpant dans ce territoire, égal en étendue aux deux tiers de l'Europe, de nouveaux états libres, détournant à leur profit le flot croissant de l'immigration.

La guerre terminée, l'irritation subsistait. Sur mer, l'Angleterre affirmait le droit de visite et soumettait les navires américains à des formalités humiliantes sous prétexte de saisir à leur bord des matelots déserteurs : *Once an Englishman, always an Englishman*, une fois Anglais, toujours Anglais. Les États-Unis protestaient et affirmaient le droit de naturalisation. Sur les frontières du nord, les Indiens s'agitaient et pillaient les *settlements* américains. On les disait soutenus et poussés par les autorités du Canada. Madison posait alors sa seconde candidature à la présidence. Le sud, divisé, ne pouvait lui assurer la majorité, son élection dépendait du vote des états démocratiques, partisans d'une guerre avec l'Angleterre. Madison promit la guerre et fut élu. En 1812, elle était dé-

clarée. L'ouest la réclamait ; la Nouvelle Angleterre s'y montrait hostile pour deux raisons. Elle
désirait le Canada, mais elle répugnait à un conflit sur ses frontières et redoutait toute manifestation hostile de nature à motiver une concentra-
tion de troupes anglaises dans les provinces qu'elle
convoitait. Elle attendait l'annexion du temps et
d'une politique habile, et elle estimait, avec raison, le moment mal choisi et l'Union mal préparée.
L'armée, en grande partie licenciée, ne comptait
pas plus de cinq mille hommes d'effectif, et la
marine n'avait que huit frégates et douze cor-
vettes à opposer aux mille soixante navires que
l'Angleterre possédait alors.

On eût dit que la fortune prenait à tâche de ré-
parer les fautes de la jeune république, qui se
lançait si imprudemment dans une pareille aventure. Les expéditions contre le Canada échouèrent,
il est vrai, après une alternative de défaites et de
succès stériles : mais sur mer on fut plus heureux.
Les exploits de la frégate américaine *Constitution*
et les dommages causés par les hardis croiseurs
yankees illustrèrent la marine des États-Unis. La
victoire de la Nouvelle-Orléans permit une paix
honorable que l'Angleterre s'empressa de conclure
pour concentrer ses efforts et son attention sur la
lutte suprême qu'elle soutenait alors contre l'empire chancelant. Ainsi cette guerre de 1812, entreprise contre la volonté des états de la Nouvelle-

Angleterre, fortifiait l'autorité et augmentait le prestige des hommes du sud. Une fois de plus, ils avaient réussi à tenir haut et ferme le drapeau de l'Union, et à se mesurer, non sans gloire. avec la première puissance maritime du monde. Quant à l'échec des opérations dirigées contre le Canada, ils s'en consolaient d'autant plus facilement qu'un succès les eût à coup sûr fort embarrassés, et qu'ils n'avaient de ce côté aucune velléité de conquête. Leur répugnance était justifiée d'ailleurs par l'attitude de la population canadienne elle-même. Les colons d'origine française, alors de beaucoup les plus nombreux, avaient pris parti contre les États-Unis et prêté, comme volontaires, un concours énergique et loyal aux troupes anglaises. Aussi longtemps que l'Angleterre et sa colonie faisaient cause commune, toute tentative d'annexion était condamnée à échouer. Le temps seul, en développant les germes de mécontentement et de désunion, pouvait amener ce résultat. Il convenait de patienter ; les hommes du sud s'y résignaient sans peine, et ceux du nord en reconnaissaient la nécessité.

Ces germes de désunion couvaient sourdement. L'implacable rivalité et les haines ardentes qui séparaient alors l'Angleterre et la France avaient leur contre-coup dans le Canada. Les gouverneurs anglais, Drummond, Sherbrooke, Richmond, Maitland et Dalhousie, imbus des idées et des passions de leur temps, s'irritaient de l'opiniâtre affection que la colonie conservait pour la France. Leur politique, tour à tour insidieuse ou brutale, aliénait les anciens colons qui, systématiquement tenus à l'écart des emplois publics, se sentaient menacés dans leurs libertés civiles et religieuses, et auxquels on voulait imposer une langue qui n'était pas la leur, contrairement aux stipulations du traité de cession. Dans le parlement anglais, Hume et O'Connell soutenaient avec éloquence la cause du Canada, dont l'Angleterre, disaient-ils, prétendait faire une seconde Irlande. Ainsi que l'Irlande, le Canada était catholique, l'une et l'autre réclamaient le droit de *self-government*. La voix retentissante du grand agitateur trouvait, au Canada comme en Irlande, un écho fidèle; les mécontents se groupaient, plus irrités, plus menaçants chaque jour, et les chefs du parti populaire, Viger, Cuvillier, Papineau, redoublaient d'efforts pour prévenir un conflit imminent.

Bien décidé à maintenir son autorité, le gouvernement anglais ne redoutait pas un soulèvement dont il aurait facilement raison et qui autoriserait des mesures énergiques. Laissés à eux-mêmes, les Canadiens étaient impuissants à secouer le joug; mais les États-Unis ne viendraient-ils pas à leur aide? Cette incertitude pesait sur les décisions, et de 1820 à 1837, la politique de l'Angleterre vis-à-vis de sa colonie s'inspira des raisons de craindre ou de se rassurer que faisait naître l'attitude de l'Union. Les États du nord estimaient que le moment était venu d'offrir un appui décisif au Canada. Le président et son cabinet, soutenus par le congrès, résistaient à ces sollicitations et cherchaient à détourner l'attention sur les embarras du Mexique, dont le sud entendait tirer parti pour briser les barrières qui s'opposaient à son extension.

En 1836, un aventurier de la Virginie, Sam Houston, envahissant le Texas à la tête de bandes de flibustiers recrutées dans les états du sud, proclamait l'affranchissement de cette province mexicaine et son annexion aux États-Unis. Santa-Anna, président du Mexique, entrait en campagne, reprenait possession de la forteresse d'Alama, dont il massacrait les défenseurs, et anéantissait à Goliad un corps détaché dont les survivants étaient mis à mort. Peu après, il rejoignait à San-Jacinto Sam Houston, qui n'avait que huit cents volontaires à opposer à sept mille hommes de troupes régulières. Acculé et forcé d'engager une lutte disproportionnée, Sam Houston chargea les Mexicains avec tant de vigueur qu'ils lâchèrent pied, laissant un millier de morts sur le champ de bataille et, entre les mains de l'ennemi, Santa-Anna lui-même et de nombreux prisonniers.

A la suite de cette victoire, le Texas était cédé aux États-Unis, non plus comme l'avaient été la

Louisiane et la Floride, à prix d'argent, mais en vertu du droit du plus fort. La politique américaine entrait dans une voie nouvelle, voie de conquête et d'annexions violentes, fatalement imposée au sud par la nécessité de maintenir sa prépondérance et de multiplier, avec le nombre des États à esclaves, celui de ses représentants dans le congrès. Cette première violation du territoire mexicain devait en entraîner d'autres dont on ne prévoyait guère alors les résultats. Et cependant le jour approchait où la doctrine Monroe allait déjouer les calculs du sud, tourner à l'avantage du nord, précipiter une crise redoutée des uns, espérée par les autres, et vers laquelle on marchait en aveugles.


IV


Au Canada, l'agitation était à son comble, et les chefs de l'opposition essayaient vainement de conjurer les événements, convaincus que les États-Unis ne leur prêteraient aucun appui sérieux ; peu soucieux d'ailleurs de le solliciter, ils estimaient qu'un échec était inévitable et que l'Angleterre en profiterait pour supprimer les garanties politiques qui subsistaient encore. L'exaspération de la population triompha de leurs sages conseils.

En 1837, plusieurs milliers de Canadiens sans armes, sans munitions, sans organisation d'aucune sorte, entamèrent une lutte héroïque contre des troupes régulières dix fois supérieures en nombre. Ces combattants improvisés n'avaient à opposer à l'artillerie des régiments anglais que des faux, des fourches, quelques vieux fusils de chasse et un canon en bois. Vainqueurs une première fois dans les plaines de Saint-Denis, ils furent tenus en échec à Saint-Charles, et complètement défaits quelques jours plus tard à Saint-Eustache (1). Une poignée de volontaires américains tenta une diversion sur les bords du Niagara ; mais désavoués par les autorités, abandonnés à eux-mêmes, ils furent promptement refoulés par les troupes anglaises.

A la défaite succédèrent une réaction violente et une répression terrible. Les condamnations à mort, la déportation, la confiscation des biens, achevèrent ce que les armes avaient commencé. Sur la demande du cabinet, le parlement anglais vota l'union définitive du haut et du bas Canada. Cette mesure portait un coup terrible à l'élément français. Le bas Canada, plus riche, plus peuplé, était habité presque exclusivement par des colons d'origine française. Dans le haut Canada au contraire, les émigrants anglais dominaient. Le bill

(1) Villages à quelques kilomètres de Montréal.

du parlement accordait aux deux provinces un
nombre égal de représentants, malgré la différence
considérable de population. De plus, il rendait
officiel l'usage de la langue anglaise et supprimait
les stipulations expresses de la treizième clause
du traité de Paris, qui garantissait les droits politiques et religieux des colons français.

Le gouvernement anglais se sentait libre d'agi-
à sa guise. Il n'avait rien à redouter du cabinet de
Washington, absorbé par les affaires du Mexique.
L'annexion violente du Texas n'était pas, il est
vrai, l'œuvre des autorités américaines. Elles
avaient laissé faire, mais la conquête effectuée,
elles l'avaient considérée de bonne prise et organisaient le Texas en territoire, en attendant le
moment opportun de l'admettre dans l'Union
comme état à esclaves. Encouragés par leurs succès, les hommes du sud émigraient au Texas et
prétendaient en fixer les limites à leur gré. Le
gouvernement de Mexico, tout en subissant les
conséquences de la défaite de San Jacinto et de la
cession qu'il avait dû consentir, protestait contre
l'invasion de ses nouvelles frontières et armait
pour les protéger. Le Texas menacé réclamait aide
et protection. Le congrès américain décida l'envoi
d'une armée d'occupation en Lousiane, et en janvier 1846, le général Taylor reçut l'ordre de s'avancer jusqu'au Rio-Grande, limite naturelle réclamée
par le Texas et contestée par le Mexique. C'était

le premier acte d'intervention officielle et hostile du gouvernement américain contre le Mexique. Dans son livre, *American conflict*, Horace Greeley raconte, en s'appuyant sur des textes précis, les hésitations du président Polk et de son cabinet. Une première dépêche invitait le général à entrer dans le Texas, tout en s'abstenant d'engager les hostilités. A ces ordres officiels étaient jointes des instructions particulières insinuant qu'un mouvement offensif de sa part serait bien vu, mais lui en laissant l'initiative avec la responsabilité. Taylor faisait la sourde oreille; il voulait des ordres clairs et précis, refusait d'avancer et de s'exposer à un désaveu en cas d'échec. Dans l'homme de guerre se révélait déjà l'homme politique, futur président de la république. La négociation fut longue, les notes succédaient aux notes, l'armée restait immobile. Enfin l'ordre fut donné par écrit, et Taylor, traversant le Texas, vint camper sur les bords du Rio-Grande, à portée de canon de Matamoras. Les hostilités commencèrent immédiatement. Vainqueur à Palo-Alto et à Resaca de la Palma, il franchit le fleuve et s'empara de Matamoras.

En mai 1846, le président Polk, dans un message officiel, annonçait au congrès que les troupes mexicaines avaient envahi le territoire des États-Unis et mis à mort des citoyens américains inoffensifs. Il demandait un vote l'autorisant à lever et

équiper cinquante mille volontaires. Il l'obtint ;
50 millions furent mis à sa disposition, et trois cent
mille volontaires répondirent à son appel. L'élan
était donné. Kearney conquit le Nouveau-Mexique,
Stockton et Frémont s'emparèrent de la Californie,
pendant que le général Scott, remplaçant Taylor,
dont on punissait les hésitations, marchait sur
Mexico, où il entrait en septembre 1847 à la tête
de son armée victorieuse. Le 2 février 1848, le
traité de Guadalupe-Hidalgo cédait aux États-Unis
la partie contestée du Texas, tout le Nouveau-
Mexique, la haute et la basse Californie. Les pré-
dictions de Monroe s'accomplissaient. Les États-
Unis reculaient jusqu'à l'Océan-Pacifique les
limites de leur empire. Quelques jours encore, et
la découverte de l'or sur les rives du Sacramento
allait étonner le monde surpris de tant d'audace
et de succès si prodigieux. Ils l'étaient en effet et
l'on a rarement vu plus de talent au service d'une
cause plus douteuse. Là brillèrent au premier rang
des hommes jusqu'alors inconnus et qui devaient
bientôt s'illustrer sur d'autres champs de bataille
et dans des camps adverses : Grant et Lee, Mac-
Clellan et Beauregard, Hill, Jackson, Hooker,
Sherman, Davis. Les chefs du nord et les défenseurs du sud, ralliés sous un même drapeau, com-
battaient alors côte à côte. Quinze ans plus tard,
ils devaient se mesurer à Bull's Run, Fairoaks,
Antietam, Frederiksburg, et se disputer, les armes

à la main, le droit de disposer des destinées d'une république dont ils portaient si haut la fortune et la grandeur.

Encore une fois le sud triomphait. Sa politique habile, dirigée par des hommes d'état éminents, servie par des officiers jeunes et hardis, affirmait la force de l'Union et doublait l'étendue de son territoire. Les nations ont parfois de ces audaces heureuses auxquelles tout sourit et tout cède. La France, sous la république et le premier empire, la Prusse depuis Sadowa, ont connu ces heures où tout oser c'est tout pouvoir. Elles sont courtes, il est vrai, et suivies de retours imprévus qui déjouent les prévisions les plus habiles. Les États-Unis en firent l'épreuve. La paix conclue, il leur fallait organiser en territoires ces vastes provinces si rapidement conquises et préparer leur admission en qualité d'états à esclaves. Mais dans le nord un parti politique nouveau s'organisait et ralliait à lui de nombreux adhérents. Depuis 1820, le courant de l'émigration avait considérablement augmenté. De huit mille, il s'élevait jusqu'à deux cent mille émigrants par année et se dirigeait presque exclusivement vers les états du nord et de l'ouest, auxquels il apportait, avec l'appoint du nombre, la haine de l'esclavage et des institutions aristocratiques du sud. L'Europe déversait sur l'Amérique le trop-plein de sa population, et cette population nouvelle, recrutée principalement parmi les Irlandais et les Allemands, représentait un puissant élément démocratique. Le Michigan, l'Iowa, le Wisconsin étaient entrés dans l'Union. Réunis pour la première fois dans une pensée commune, le nord et l'ouest se refusaient à admettre l'extension de l'esclavage dans des territoires qui, ainsi que le Nouveau-Mexique et la Californie, convenaient au travail libre et ne se trouvaient, comme climat et comme sol, dans aucune des conditions favorables à l'exploitation servile.

Dès 1820, le compromis du Missouri, ardemment soutenu par Henry Clay, avait interdit l'introduction de l'esclavage au nord du 36° 30' de latitude. Les prétentions du sud remettaient tout en question ; elles coïncidaient avec l'élection présidentielle. Les adversaires de l'esclavage choisirent pour candidat Martin van Buren et adoptèrent comme mot d'ordre : *A free soil to a free people* (un sol libre à un peuple libre). Le général Taylor, porté par le sud, n'en fut pas moins élu. C'était le septième président que la Virginie donnait à l'Union.

Battus sur le terrain électoral, les représentants du nord engagèrent la lutte dans le congrès au sujet de l'admission de la Californie. La découverte de l'or attirait dans le nouvel état une émigration considérable de tous les points du monde. L'exploitation des mines était-elle compatible avec l'esclavage ? Si le sud de la Californie se

trouvait au-dessous du 36° de latitude, le nord, —
c'est-à-dire San-Francisco, les rives du Sacramento et du San-Joaquin, la région des *placers*,
— était situé en dehors de la ligne du compromis.
Clay, Calhoun, Webster, Benton, Seward, prirent part à cette discussion mémorable qui se termina par le succès du nord. La Californie fut
admise dans l'Union à titre d'état libre ; l'Utah et
le Nouveau-Mexique furent organisés en territoires, et la question de l'esclavage laissée à l'op-
tion de leurs habitants. A titre de compensation,
le sud obtint le vote du *Fugitive Slave Law* qui autorisait tout propriétaire d'esclaves à reprendre
possession, même dans les états libres, de ses
nègres fugitifs, et obligeait les autorités à les faire
saisir et à les remettre entre ses mains. La loi
était à peine votée que le fameux roman d'*Uncle
Tom's Cabin* en dénonçait l'iniquité, soulevait les
passions et inaugurait la lutte ardente qui devait
aboutir à la guerre de sécession.

Cette guerre était désormais inévitable. Les succès de la campagne du Mexique, tout en grandissant le prestige du sud, tournaient à l'avantage du
nord. Dans le congrès, les deux partis se balan-
çaient, ainsi que le prouvaient les derniers scru-
tins, mais le nord avait pour lui l'immigration,
qui atteignait en 1850 le chiffre de 370,000 âmes
et dépassait 400,000 en 1854. Il avait aussi l'opinion publique, l'appui moral de l'Europe, la presse

et les théories humanitaires. Il se sentait soutenu
par de nombreuses sympathies, et, bien qu'au
fond il rêvât moins la suppression de l'esclavage
que la conquête du pouvoir, il adoptait comme
mot d'ordre celui qui ralliait le plus d'adhérents.
Deux nouveaux territoires, le Kansas et le
Nebraska, se peuplaient rapidement. Le compromis de 1850 laissait aux habitants le droit de les
constituer en états libres ou en états à esclaves.
Le sud et le nord rivalisaient d'efforts pour y
obtenir la majorité. De part et d'autre, on en vint
aux mains et le nord l'emporta. En 1859, le Kansas vota l'exclusion de l'esclavage. La même
année, l'Orégon entrait dans l'Union en qualité
d'état libre. Le sud était désormais en minorité ;
le pouvoir lui échappait, et l'élection d'Abraham
Lincoln allait donner le signal de la guerre civile.
Le parti vainqueur inaugurait son avènement
par le vote du tarif Morrill, premier acte de la
politique protectionniste, qui portait aux intérêts
commerciaux du sud un coup terrible en le rendant tributaire des manufactures du nord.

Les Canadiens suivaient d'un œil attentif ces événements, qui se passaient si près d'eux. Entre le haut
et le bas Canada, l'antagonisme persistait et s'accentuait par le fait même d'une union imposée. Le
haut Canada, protestant, peuplé de colons anglais,
soutenu par le gouvernement, faisait la loi au bas
Canada, français d'origine et de cœur, catholique,

hostile à l'Angleterre. Québec, Montréal, Kingston et Toronto se disputaient le privilège d'être le siège des pouvoirs publics. Situées toutes quatre sur les rives du Saint-Laurent, reliées aux États-Unis par des voies ferrées, accessibles par le fleuve et les lacs, elles étaient, en cas de guerre, à la merci d'un hardi coup de main. Le gouvernement anglais, frappé de ces dangers et préoccupé des événements qui se préparaient, fit choix d'Ottawa pour capitale. Située plus avant dans les terres, sur la rivière dont elle porte le nom et qui est elle-même un affluent du Saint-Laurent, Ottawa était moins exposée en cas d'invasion.

Pour calmer les mécontentements que ce choix faisait naître et pour réveiller dans la colonie ces instincts de fidélité dont, nonobstant les luttes intestines, elle avait souvent fait preuve, le ministère anglais décida que l'héritier présomptif de la couronne, le prince de Galles, se rendrait au Canada. Il devait ensuite visiter les États-Unis. Ce voyage eut lieu en août 1860. L'élection présidentielle agitait tous les esprits, et le prince venait à peine de quitter Washington que le sud proclamait la rupture de l'Union en décembre 1860. Le 12 avril suivant, le canon du fort Sumter inaugurait de toutes les guerres civiles de ce siècle la plus longue et la plus sanglante.

Au Canada, l'opinion publique était indécise. Si d'une part on y répugnait à l'esclavage, de l'autre l'adoption par les états du nord du tarif Morrill, vrai point de départ de la lutte, causait un dommage réel au commerce de la colonie. Puis le nord seul était à craindre. C'était lui qui voulait la conquête et l'annexion, c'était lui qui suscitait des difficultés sur la question des pêcheries. Pas plus alors qu'aujourd'hui le Canada ne désirait une annexion violente ou pacifique. Ses vœux n'allaient pas au-delà d'une émancipation progressive, de l'application des doctrines du *self-government* et d'une union douanière avec les États-Unis, qui lui permettrait d'écouler avantageusement ses produits sur un marché considérable. L'Angleterre envisageait les événements à un autre point de vue. Bien qu'anti-esclavagiste par nature, elle était libre-échangiste par intérêt ; dès le début elle affirma hautement ses sympathies pour la cause du sud. La rupture de l'Union devait inévitablement affaiblir la puissance navale de sa rivale, diminuer son commerce et lui ouvrir les marchés du sud, que les états du nord lui fermaient par le tarif Morrill. Elle voyait en outre avec inquiétude les rapides progrès des manufactures américaines. Dans le nord, la houille et le fer abondaient. On commençait à exploiter ces ressources naturelles ; l'esprit calculateur et mercantile des Yankees, soutenu par cette volonté âpre inhérente à la race anglo-saxonne, menaçait l'Angleterre d'une concurrence redoutable. Les capitaux affluaient à Cincinnati, Pittsburg, New-York, Chicago. L'exportation des matières premières diminuait; on les utilisait sur place, on les convertissait en articles manufacturés, au grand détriment des fabriques anglaises. L'adoption d'un tarif protectionniste leur causait un préjudice considérable et donnait aux manufactures des états du nord une prodigieuse impulsion. L'Angleterre n'était pas seule à en souffrir. Les planteurs du sud, obligés par l'élévation des droits de douane à s'approvisionner dans le nord, se plaignaient amèrement du renchérissement subit de tout ce qui était nécessaire à leur exploitation.

. C'était un impôt que l'on prélevait sur eux au bénéfice du nord, qui s'enrichissait de leur ruine. Le sud en effet ne fabriquait rien. Il produisait en abondance le coton, le sucre, le riz ; il exportait ses produits et tirait tout du dehors, de l'Angleterre surtout, devenue le premier marché cotonnier du monde. Les grandes manufactures anglaises s'alimentaient presque exclusivement dans les ports du sud, avec lesquels elles entretenaient une intercourse maritime considérable.

Au point de vue commercial, la cause du sud était donc celle de l'Angleterre, et nul n'était plus directement intéressé qu'elle à la soutenir. Au point de vue politique, la victoire du nord constituait une menace à courte échéance pour le

Canada. « L'Amérique aux Américains » restait encore, comme en 1823, le mot d'ordre des hommes d'état de Washington. Le sud s'en était servi pour justifier ses agressions contre le Mexique; le nord l'interprétait dans le sens d'une annexion des colonies anglaises et fermait les yeux sur les attaques connues sous le nom de *fenian raids*, et ouvertement préparées par le parti irlandais contre les frontières du Canada. Aussi, dès le début des hostilités, l'Angleterre expédia des troupes sur le Saint-Laurent et mit ses forteresses en état de défense. On sait le concours qu'elle prêta au parti du sud dans l'affaire du *Trent* et dans celle de l'*Alabama*; on sait aussi qu'après une lutte héroïque et désespérée le sud dut subir la loi du nord.

Les vainqueurs ne pardonnaient au gouvernement anglais ni ses sympathies pour leurs adversaires ni la prédominance dans ses conseils de la politique d'intérêts sur la politique de principes. — L'Angleterre n'avait-elle pas depuis longtemps dénoncé le maintien de l'esclavage comme une honte pour la république? N'avait-elle pas salué de ses acclamations le roman passionné de madame Beecher Stowe et les diatribes violentes des abolitionnistes? Lord Russel était connu pour son antipathie contre l'esclavage. Lord Palmerston et M. Gladstone n'y étaient pas moins hostiles, et cependant ces mêmes hommes,

9.

alors au pouvoir, n'avaient pas hésité à reconnaître aux confédérés la qualité et les droits de belligérants et à prolonger indéfiniment la guerre en autorisant, dans les ports anglais, l'armement de croiseurs, les achats d'armes et de munitions.

La guerre civile terminée laissait donc en suspens de nombreuses complications entre les cabinets de Londres et de Washington. L'attitude menaçante des États-Unis irrités et vainqueurs était de nature à inspirer des craintes sérieuses. D'autre part, le Canada, mécontent, divisé d'opinions, se plaignait amèrement des sacrifices d'argent qu'il avait dû consentir pour la protection de ses frontières et l'entretien dispendieux des troupes anglaises. Il se sentait en outre menacé d'un nouveau danger que l'Angleterre ne réussissait pas à conjurer. Malgré la dette écrasante qui pesait sur ses finances, le cabinet de Washington négociait avec la Russie l'achat de l'Amérique russe. C'était une consécration nouvelle de la doctrine Monroe, un pas de plus vers la possession de l'Amérique par les Américains. Le cabinet de Saint-Pétersbourg s'y montrait favorable. Cette colonie lointaine et déserte était sans valeur pour lui, et il se souvenait des sympathies bruyantes que les États-Unis lui avaient prodiguées lors de la guerre de Crimée. En favorisant ainsi l'extension de l'Union, la Russie voyait surtout l'avantage de multiplier les embarras de l'Angleterre, qu'elle laissait seule en Amérique, face à face avec un voisin redoutable et ambitieux. En 1867, elle cédait l'Amérique russe, comprenant 1,500,000 kilomètres carrés, aux États-Unis, moyennant 36 millions de francs, et les colonies anglaises se voyaient désormais enclavées au sud et au nord-ouest par le territoire américain.

Il importait de prendre, et sans retard, des mesures énergiques. Le gouvernement anglais le comprit. Il se hâta de donner aux provinces des satisfactions légitimes. Il rendit aux Canadiens français l'exercice légal de leur langue maternelle, s'appliqua à calmer les dissensions intestines et à doter le Canada d'une organisation nouvelle. L'année même où la Russie cédait complaisamment ses droits aux Etats-Unis, un acte du parlement anglais décrétait la constitution de l'empire canadien, réunissait sous une administration commune les colonies d'Ontario, Québec, Nova-Scotia, Nouveau-Brunswick, auxquelles devaient bientôt se joindre le Minatoba, la Colombie britannique et les îles du Prince-Edouard. Une large part était faite dans l'administration générale et provinciale aux colons eux-mêmes par la création d'un sénat et d'une chambre des communes, nommés, le premier par le gouverneur général en conseil, la seconde par les électeurs sous des conditions de cens modérées. La construction de l'*intercolonial railway*, destiné à relier entre elles les diverses provinces et à développer leur commerce, fut également décidée, et la navigation du Saint-Laurent déclarée libre. Ces mesures habiles et opportunes étaient d'accord avec les vœux des colons ; mais tout en calmant leur mécontentement, elles avaient aussi pour résultat de les sortir de tutelle, de les mettre en position de s'administrer eux-mêmes et de relâcher, en les diminuant, les liens qui les unissaient à la métropole.

Si l'on examine attentivement le rôle de l'Angleterre dans les pays conquis ou peuplés par elle, on sera frappé de ce fait, qu'après un temps plus ou moins long de domination anglaise, ils s'affranchissent graduellement, comme le font en ce moment l'Australie et le Canada, ou violemment, comme l'ont fait les États-Unis, et ne conservent rien de ses traditions que les théories de *self-government* et l'instinct mercantile. Malgré leur origine, malgré la communauté de langue et de religion, les États-Unis diffèrent profondément de l'Angleterre. Le *Yankee* n'a rien de l'Anglais, et sur nombre de points essentiels il en est la vivante antithèse. Son génie particulier, ses mœurs, ses habitudes sociales, ses idées sont autres ; autres aussi ses convictions et ses aspirations. Certes le climat, le sol, toutes les conditions de l'existence exercent une influence profonde sur ceux qui les subissent, mais elles ne suffisent pas à expliquer un antagonisme aussi

tranché. Les colons espagnols du centre Amérique,
du Pérou, du Chili, du Mexique ont subi eux aussi
ces influences, et cependant ils sont restés Espagnols. Les modifications, plus apparentes que
réelles, conséquences naturelles d'un changement de milieu, n'ont pas altéré le fond primitif;
il s'est maintenu intact à travers les siècles. L'A-
méricain n'en a rien gardé. Comparez ses instincts
profondément démocratiques avec les traditions
aristocratiques de la Grande-Bretagne, son dédain
de la forme poussé à l'extrême, ses mœurs politiques affranchies de toute influence territoriale, sa
vie sociale dédaigneuse de ces conditions de naissance et de classe si puissantes et si respectées en
Angleterre; observez de près la mobilité excessive
et la merveilleuse élasticité de ce milieu où
l'homme aborde tour à tour toutes les carrières
maître d'école, avocat, ouvrier, matelot, négociant,
débutant comme Abraham Lincoln par fendre des
picux et mourant président de la république. Si
l'on étudie attentivement la vie des hommes qui,
à un titre quelconque, ont joué un rôle important
aux États-Unis, dans la politique, au barreau, au
congrès, dans le commerce, on est frappé de leur
étonnante souplesse, et l'on voit combien peu la
naissance, la fortune, les relations ont contribué
à leurs succès. Ils sont eux-mêmes, valent par eux-
mêmes, et leur volonté se meut dans un cercle
sans limites.

En Australie, nous retrouvons des symptômes identiques, et là, comme aux États-Unis, les théories du *self-government*, librement appliquées, amèneront avant longtemps un affranchissement politique que précède déjà un affranchissement social.

Mais, si le rôle colonisateur de la Grande-Bretagne se borne en réalité à semer et à faire germer les idées de liberté individuelle ; si, le jour où elles arrivent à maturité, ses colonies rompent les liens qui les attachent à elle et entrent de plain-pied dans leur voie indépendante, on ne saurait lui contester du moins la gloire d'avoir préparé cette émancipation graduelle et appelé à la vie libre des peuples nouveaux, imbus des idées modernes, capables de se gouverner eux-mêmes et de maintenir, même contre elle, leur indépendance. Si elle ne colonise pas dans l'acception absolue du mot, elle crée des enfants qui ne lui ressemblent guère, qui parfois se tournent contre elle, mais qui, nés viables, accomplissent leur tâche et apportent leur quote-part à l'œuvre commune de l'humanité et du progrès.

Le Canada entre dans cette période d'émancipation finale. Le jour approche en effet où les liens de plus en plus faibles qui l'unissent à la métropole se rompront d'eux-mêmes, soit violemment, par le fait d'une guerre extérieure, soit pacifiquement, par un consentement mutel. De part et d'autre, instruit par l'expérience, on avance prudemment dans cette voie, et les hommes d'État de l'Angleterre ne se font à ce sujet aucune illusion.

Ils savent que l'acte constitutif de 1867 n'a plus laissé subsister entre l'Angleterre et sa colonie qu'un lien nominal. L'organisation d'un parlement, d'un ministère responsable, a consacré virtuellement l'indépendance politique du Canada. Le droit d'administrer les revenus publics, de voter et de percevoir les droits de douane, d'assurer le service de la dette nationale a inauguré l'indépendance commerciale et cimenté l'union des provinces par la communauté d'intérêts. Bien que le titre officiel du ministère soit encore celui de « conseil privé de la reine », ses membres ne sont responsables que vis-à-vis du parlement canadien. Ils sont pris dans les rangs de la majorité, gouvernent avec elle et se retirent devant un vote hostile. En théorie, ils sont nommés par le gouverneur général; dans la pratique, le rôle de ce dernier se borne à confier au chef de la majorité la mission de constituer un ministère et de choisir lui-même ses collègues. Le gouverneur général, délégué de la reine, n'a en réalité d'autres attributions que celle de veiller à la libre administration de la colonie, de convoquer le parlement et d'assurer l'exécution de ses votes.

Pays agricole et forestier, la colonie exporte surtout les produits de son sol. Le chiffre des exportations s'élève à 410 millions dont 150 pour les céréales et 100 pour les bois bruts ou débités. Les animaux, le beurre, les fromages, les fourrures représentent une valeur de 70 millions et les pêcheries de 28. La part afférente aux manufactures ne dépasse pas 27 millions. L'Angleterre et les États-Unis sont les deux principaux marchés d'exportation et absorbent l'une 210, les autres 200 millions de produits canadiens. Il résulte des statistiques que le commerce du Canada avec l'Angleterre s'est élevé en 1885 à 415 millions, mais il en résulte aussi que la balance commerciale, constitue le Canada débiteur de 35 millions aux États-Unis.

Nous reconnaissons volontiers que l'écart entre les chiffres de l'importation et de l'exportation est loin de fournir un critérium absolu, et qu'il y a lieu de tenir compte d'autres éléments qui ne sont pas représentés dans les droits de douanes. De ce qui précède, nous retenons seulement l'importance et l'accroissement des échanges entre le Canada et les États-Unis, importance qui s'affirme chaque jour dans le domaine des faits politiques.

Chamfort raconte que lord Hervey, voyageant en Italie, traversait une lagune. Il y trempa le doigt, le porta à ses lèvres et s'écria : « L'eau est salée ; ceci à nous. » Tout absolue qu'elle fût, cette prétention ne laissait pas alors d'être suffisamment justifiée. Aujourd'hui les descendants de lord Hervey n'oseraient la formuler, même sous cette forme humoristique. Les hommes d'État anglais se rendent compte des changements que le temps apporte et de ceux qu'il prépare. Le bon sens pratique de leur race les met en garde contre les suggestions d'une vanité puérile, et quand une question s'impose à eux, ils ont recours pour la résoudre aux saines notions du possible et du vrai. Ce ne sont pas les problèmes qui manquent. La Russie en Europe, la Russie et les Indes en Asie, le Canada en Amérique, l'Australie dans l'Océanie, leur en offrent et des plus graves. Celui qui fait le sujet de notre étude appelle une solution prochaine. Étant données les velléités d'indépendance du Canada, le relâchement des liens avec la métropole, le voisinage des États-Unis, les tendances de la politique annexionniste et les intérêts commerciaux qui existent entre la colonie anglaise et la république américaine, quelle sera la solution ?

## V

Le maintien du *statu quo* n'est pas possible. Personne n'y croit, et si l'on n'est pas d'accord sur sa durée, on l'est du moins sur son caractère essentiellement provisoire. L'Angleterre n'y contredit

pas, et nous noterons sur ce point les curieux
aveux de ses hommes d'État. Plus désintéressé
dans la question, le baron de Hubner, ancien
ambassadeur et ancien ministre d'Autriche, dans
son intéressant ouvrage : *Promenade autour du
monde*, écrivait en 1873 ces lignes significatives :
« Les Canadiens sont mécontents ; pour eux, il
s'agit de l'éternelle question de la pêche. Ils se
disent négligés par les envoyés de lord Granville,
abandonnés par la mère-patrie, sacrifiés à ses intérêts. Déjà, avant mon départ d'Europe, un homme
d'État anglais éminent m'a dit : La séparation du
Canada n'est qu'une question de temps ; le traité
que l'on vient de conclure accélérera ce moment.
Avant quatre ou cinq ans, il se présentera. Tout
le monde sait combien en Angleterre l'opinion
publique s'est, dans les derniers temps, familiarisée
avec l'idée de la perte des colonies. Quiconque, il
y a trente ans, aurait osé prévoir cette éventualité,
eût été dénoncé comme ennemi public, s'il était
étranger, ou, s'il était Anglais, comme coupable
de haute trahison. La génération actuelle se place
à un autre point de vue. Elle admet comme inévitable et elle se prépare à voir s'accomplir, au premier coup de canon que l'Angleterre tirera contre
un ennemi étranger, la déclaration d'indépendance
du Canada et de l'Australie. »

L'éternelle question des pêcheries, source inépuisable de difficultés entre le Canada et les États-

Unis, subsiste toujours, bien qu'en apparence réglée par la commission d'Halifax. Moyennant le paiement d'une somme de 27 millions 1/2 de francs, les États-Unis ont acquis pour douze ans le droit de pêche sur les côtes du Canada, à la condition de ne l'exercer qu'à 3 milles du rivage. Cette clause, d'une exécution difficile, provoque des conflits qui, tout récemment encore, dégénéraient en luttes à main armée entre les pêcheurs rivaux. Loin de s'améliorer, la situation est devenue plus grave.

A cette difficulté s'en joignent d'autres. Une ligne de frontières aussi arbitraire qu'imaginaire, sauf le cours du Saint-Laurent, sépare sur une longueur de plusieurs centaines de milles les deux États, coupant par le milieu les lacs Ontario, Érié, Huron et le Lac-Supérieur. La contrebande est facile dans ces solitudes et le tarif élevé des États-Unis lui offre l'attrait d'une prime considérable. En 1860, le sénateur Douglas avait mis en avant l'idée d'étendre à l'Amérique du Nord tout entière la pratique du *Zollverein* allemand. Il ne rêvait rien moins qu'une vaste union commerciale et douanière qui embrasserait le Mexique, les Etats-Unis et le Canada, de l'Océan arctique à la mer des Antilles, de l'Atlantique au Pacifique. Ce plan gigantesque était impraticable en raison même de son étendue. Il se heurtait à d'insurmontables difficultés de races et de climats, et ne tenait aucun compte des exigences particulières de chacune. On le vit bien quelques années plus tard, quand le vote du tarif Morrill précipita la rupture de l'Union. On reconnut alors combien il était difficile de concilier des intérêts divergents et d'appliquer au nord et au sud un régime commercial commun. Abandonné depuis, ce projet a été repris par le cabinet de Washington. Laissant de côté le Mexique, dont la situation géographique et politique se prêterait difficilement à une pareille combinaison, que M. Blaine a amené, en 1889, à prendre part au *Congrès des trois Amériques*, les hommes d'État américains estiment que cette solution mettrait un terme aux difficultés présentes et répondrait mieux qu'un traité aux exigences économiques des deux pays. A l'ombre du tarif protectionniste adopté par les États-Unis, et dont il réclame l'application, le Canada pourrait développer ses manufactures, et la liberté commerciale absolue entre les deux pays supprimerait les barrières artificielles qui les séparent et nuisent à leur progrès.

S'en tiendrait-on là, et la force des choses n'amènerait-elle pas l'annexion de la colonie anglaise ? Elle ne la désire pas, et aux États-Unis eux-mêmes les avis sont partagés. Ces « quelques arpents de neige » dépassent en superficie de vastes empires. Le Canada mesure 9,100,000 kilomètres carrés, 200,000 de moins que la république américaine. La Russie et la Chine occupent seules sur la carte du monde un espace plus considérable.

Cette annexion doublerait l'étendue des États-Unis, mais elle y introduirait un élément nouveau, huit États, qui déplaceraient certainement la majorité dans le congrès. Le parti républicain, actuellement au pouvoir, ne saurait envisager avec indifférence ce résultat. Il est probable en effet que ces nouveaux venus donneraient leurs voix au parti démocratique et sympathiseraient avec le sud, auquel les unirait une communauté d'origine, de tendances et de traditions aristocratiques. La question est grave, elle explique les hésitations des États-Unis et le projet de Zollverein qui ajournerait, tout en la laissant possible, une annexion ultérieure. Au Canada, on ne va pas au delà d'une union commerciale au moyen d'un traité de réciprocité. Le cabinet de Washington préfère l'union douanière, le zollverein. S'il se refuse à rouvrir les négociations sur une autre base, cette dernière s'imposera probablement.

L'Angleterre observe le cours des événements, sans toutefois dissimuler ses appréhensions. Dans ce pays de discussion libre et de libre examen, il est facile de suivre les évolutions de l'opinion publique. Ses hommes d'État parlent et écrivent : ils abordent les questions de politique étrangère avec une rare franchise et ne ménagent pas plus à eux-mêmes qu'aux autres les vérités pénibles. En ce qui concerne leurs colonies, volontiers ils disent tout haut ce qu'ailleurs on pense tout bas. Bien plus, ils apportent dans leurs jugements sur ceux dont ils ont été les maîtres, les tuteurs et les guides, cette sorte de bienveillance mélancolique avec laquelle un vieillard suit de l'œil l'allure hardie et la carrière audacieuse d'un fils émancipé, qui, imbu des idées de son temps, répudie les traditions qui firent la fortune de son père. Il y a quelques années à peine, l'adversaire de lord Beaconsfield, William Gladstone, tour à tour chancelier d'Angleterre, premier lord de la trésorerie, premier ministre, publiait dans un recueil étranger, *the North-american Review,* un article intitulé : *Kin beyond the sea* (nos descendants d'outre-mer), qui a produit aux États-Unis une sensation profonde. Dans cette étude comparative des institutions américaines et anglaises, M. Gladstone décrit avec un légitime orgueil les progrès de l'Angleterre, la merveilleuse expansion de sa puissance politique et commerciale, son influence et son rôle dans le monde. « Mais, ajoute-t-il, si rapide qu'ait été notre marche, celle des États-Unis nous laisse en arrière. Et cependant ils n'en sont encore qu'au début de leur carrière ; ils ont à peine commencé à tirer parti des inépuisables ressources de leur sol. L'Angleterre et l'Amérique sont probablement en ce moment les deux plus puissantes nations du monde, mais si nous envisageons l'avenir nous n'hésitons pas à affirmer que sous peu la fille éclipsera la mère. Elle occupera ce que nous occupons aujourd'hui : le premier rang, et nous ne pouvons pas plus y faire obstacle que Venise, Gênes et la Hollande n'ont pu faire obstacle à notre grandeur. Un devoir urgent nous incombe, celui de préparer par un énergique effort la réduction de notre dette nationale, en prévision du jour inévitable où le fardeau dépassera nos forces. »

Ce langage pessimiste peut paraître empreint d'exagération. L'homme d'État qui s'exprimait ainsi était alors sous le coup de la défaite de son parti, mais nul ne peut mettre en doute sa haute compétence financière et commerciale. Il entrevoyait le moment où les États-Unis feraient sur tous les marchés une concurrence redoutable aux manu- factures anglaises, qui ne se maintiennent déjà qu'à grand'peine en inondant l'Europe et l'Asie de produits inférieurs. Avant lui, il y a douze ans, le comte Russell exprimait la même opinion sous une forme originale et qui fit grand bruit : *Rest and be thankful.* La politique du « repos et de la reconnaissance rétrospective » passa pour une boutade d'humoriste, et cependant nombre d'es- prits sérieux se demandaient alors et se demandent aujourd'hui combien de temps durera cet immense édifice de la puissance anglaise et si les craque- ments significatifs qui se font entendre ne sont pas des avertissements dont il importe de tenir compte.

Gouverner l'Angleterre, l'Écosse et l'Irlande, le

Canada et l'Australie impatients, l'empire des Indes et ses centaines de millions d'Hindous et de mahométans, soutenir la Turquie, occuper l'Égypte, contenir la Chine, faire face à la Russie, maintenir sa prépondérance navale sur toutes les mers, sa suprématie commerciale sous tous les climats, certes la tâche est lourde, et le *Times* était-il pessimiste le jour où, poussant son cri d'alarme, il s'écriait : *England totters al the apex of her greatness* (l'Angleterre chancelle au sommet de sa grandeur) ? Cette phrase célèbre résumait en quelques mots et devançait les aveux de M. Gladstone. L'éminent écrivain redisait, lui aussi, les causes qui avaient porté si haut la puissance anglaise. Il étudiait de près cette gigantesque pyramide dont la base est si large et la cime si élevée. Comparant l'Angleterre à un homme qui eût lentement et péniblement assemblé ces lourdes assises et gravi ces rudes échelons, il le représentait parvenu au sommet. Là l'espace manque, les vents soufflent et il chancelle, debout sur le faîte.

De l'étude attentive des faits qui précèdent, une conviction se dégage et s'impose. Quelle que soit la solution qui règle le sort de la colonie anglaise, la France n'a rien à en redouter. Le Canada indépendant ne sera jamais un empire hostile pour nous. Le Canada, annexé aux États-Unis, introduirait dans la grande république américaine un élément sympathique à notre patrie, et qui contrebalancerait l'influence de l'immigration allemande. Là comme ailleurs, en ce moment, notre rôle doit se borner à surveiller la marche des événements sans intervenir pour contrarier ou hâter un dénoûment prochain.

A ceux qui, Français atteints de la maladie de la peur, ou étrangers aveuglés par la haine, estiment que la France a reçu un coup mortel, nous répondrons que notre nationalité a résisté à de plus rudes épreuves et s'en est relevée plus puissante. Nous la leur montrerons vivace encore sur les rives du Mississipi comme sur celles du Saint-Laurent. Le génie profondément sympathique de notre race n'a pas dit son dernier mot. Nos vainqueurs d'hier l'affirment, tout en s'irritant des obstacles qu'il leur suscite. Souvenons-nous qu'au Canada il a résisté à plus d'un siècle de domination étrangère tempérée par les traditions larges et libérales de l'Angleterre. Ni le temps ni la distance n'ont effacé le souvenir de la mère-patrie. Les épreuves infligées par la fortune changeante et vaillamment subies par un peuple qui sait comment et à quel prix on se relève ont pu diminuer notre orgueil ; mais si nous observons attentivement ce qui se passe autour de nous, nous reprendrons courage. Repliée sur elle-même, la France retrouve le secret de sa grandeur : une homogénéité qu'aucun peuple ne possède au même degré. La puissance de l'Angleterre, celle de l'Allemagne, celle des États-Unis reposent sur des éléments divers et contraires, source d'incessants conflits. L'Angleterre voit le Canada et l'Australie prêts à s'affranchir, et, dans l'Inde, une politique audacieuse jusqu'à la témérité courbe ce vaste empire sous ses lois. Aux États-Unis les tendances séparatistes conprimées attendent l'heure de la revanche. En Allemagne les provinces récemment détachées du Danemark et de nos frontières subissent sans l'accepter le joug du vainqueur ; l'Allemagne du sud murmure, et la force seule maintient ce que la force a créé. La France est compacte, unie vis-à-vis de l'étranger, et le jour où, faisant trêve à nos dissensions intérieures sur la forme du gouvernement, nous nous rallierons dans une pensée commune, ce jour-là, sans autres efforts, sans violence, sans lutte, nous reprendrons notre rang dans le monde. Alors nous aurons reconquis, avec la sympathie des faibles, le respect des forts, la confiance en nous-mêmes, en cette vitalité puissante, signe distinctif de notre race, contre laquelle le temps et la conquête étrangère ne peuvent rien, qui se relève à son heure et sait l'attendre parce qu'elle y croit.

# LOUIS RIEL

ET

## L'INSURRECTION CANADIENNE DE 1885

Le 23 mars 1885, sir John Mac-Donald, premier ministre, annonçait au parlement canadien, réuni à Ottawa, qu'une insurrection venait d'éclater dans le territoire du nord-ouest. Six cents demi-blancs et un certain nombre d'Indiens, sous les ordres de Louis Riel, avaient pris les armes, déclarant qu'ils ne les déposeraient que quand le gouvernement aurait fait droit à leurs justes réclamations. Campés à Prince-Albert, ils menaçaient le fort Carlton ; maîtres des stations télégraphiques, ils avaient coupé les communications entre le Manitoba et la capitale. Sir John Mac-Donald ajoutait qu'il avait donné ordre de concentrer sur Carlton les brigades de police à cheval et d'expédier en hâte de Winnipeg le 90e bataillon de carabiniers et une batterie d'artillerie. En outre, le major-général Middleton se préparait à partir, avec des renforts, pour arrêter les progrès de l'insurrection.

L'émotion fut vive dans le parlement et non moins vive dans tout le Canada. Depuis longtemps on redoutait un soulèvement des demi-blancs, Canadiens d'origine française, profondément irrités du peu de cas que le gouvernement faisait de leurs incessantes réclamations. En 1869, le Canada avait obtenu la cession, à prix d'argent, par la Compagnie de la baie d'Hudson, des immenses territoires du nord-ouest. Les demi-blancs, qui, antérieurement à cette cession, s'étaient établis sur une partie de ces territoires, l'avaient fait conformément aux coutumes locales et en vertu du droit de préemption. Tacitement, tout au moins, la Compagnie de la baie d'Hudson avait reconnu ce droit par lequel ils détenaient le sol qu'ils avaient défriché et mis en valeur. Dans ces vastes solitudes, où il n'existait pas de routes tracées, les colons s'étaient établis de préférence sur le cours des rivières, notamment du Saskatchewan, qui se déversait dans le lac de Manitoba et leur offrait une voie économique pour le transport de leurs produits. En prenant possession de ces territoires, le gouvernement canadien avait établi le cadastre des terres, réclamé la propriété du sol attenant aux cours d'eaux et contesté les droits des demi-blancs, leur offrant, à titre d'indemnité, des terrains en friche dans des conditions moins favorables. Les demi-blancs s'y refusaient énergiquement ; ils réclamaient une reconnaissance définitive et légale de leurs titres de propriété, ou, tout au moins, une indemnité suffisante en cas d'expropriation. Une première prise d'armes avait abouti, en 1869, à la reconnaissance partielle de leurs droits et à la promesse de mesures équitables ; mais depuis, ils n'avaient pu, malgré leurs incessantes sollicitations, obtenir que des décisions partielles, réglant des cas isolés, mais laissant planer sur l'ensemble de leurs réclamations une incertitude menaçante pour l'avenir. Leur patience était à bout ; les nouvelles d'Europe annonçaient alors comme imminente une guerre entre l'Angleterre et la Russie au sujet de l'Afghanistan. Profitant des embarras de la métropole pour lui arracher par la force ce qu'elle refusait à leurs demandes, ils se soulevaient à l'appel de Louis Riel, qui, déjà en 1869, s'était mis à leur tête. Pour comprendre l'importance de ce mouvement, il faut d'abord se rendre compte du cadre dans lequel il se produisait et de l'homme qui le dirigeait.

Le *Dominion* du Canada s'étend de l'Atlantique au Pacifique : ces « quelques arpents de neige » dont parlait Voltaire ont une superficie de 9,100,000 kilomètres carrés, plus des deux tiers de l'Europe. Le territoire du nord-ouest, plus considérable de beaucoup que toutes les autres provinces du Canada, puisqu'il contient à lui seul 7,500,000 kilomètres carrés, a été acquis par le gouvernement canadien de la Compagnie de la baie d'Hudson. C'est au cœur même de cet immense territoire, à 800 lieues de l'Atlantique et à plus de 400 lieues du Pacifique, que se trouvait le foyer de l'insurrection. D'immenses prairies, coupées de bouquets d'arbres, y déroulent, sur 1,300 kilomètres de longueur, de Winnipeg aux Montagnes-Rocheuses, l'horizon infini et monotone de leurs hautes herbes, ondoyant, au souffle de la brise, comme les vagues d'une mer de verdure. Terre riche au-delà de toute description, donnant au cultivateur d'abondantes moissons d'un beau blé doré, véritable grenier d'abondance croulant l'été sous le poids des gerbes. Trois grands cours d'eau la sillonnent : l'Assiniboine, du nord-ouest au sud-est ; le Saskatchewan et le Qu'Appelle, de l'ouest à l'est ; puis, çà et là, des lacs qui partout ailleurs seraient considérables, mais semblent lilliputiens à côté de ces mers intérieures qui ont nom l'Érié, l'Ontário, le Huron, le lac Supérieur, immenses nappes d'eau de 100 à 150 lieues de longueur, qui alimentent le majestueux Saint-Laurent, roulant, sur son parcours de 1,200 kilomètres, ses eaux bleues dans un lit qui, à 100 lieues de son embouchure, mesure

12 kilomètres de large et 150 à la Pointe des monts !

A peine exploré, il y a cinquante ans, par les chasseurs et les trappeurs de la baie d'Hudson, qui parcouraient seuls ces vastes solitudes, le Manitoba est aujourd'hui occupé par une population de métis. Les tribus indiennes, refoulées par la civilisation, y vivent en bonne harmonie avec ces colons auxquels les unissent les liens du sang. Entre les Indiens et eux il y a échange de produits et de bons procédés. Français d'origine, les demi-blancs ont conservé ces traditions d'humanité qui, lors de notre occupation du Canada, nous avaient concilié la sympathie des Indiens, demeurés fidèles à notre cause à travers toutes les vicissitudes de nos luttes avec l'Angleterre.

Situé sur les bords du Saskatchewan, à l'ouest du lac Winnipeg, Carlton est le centre de la région occupée par les métis et dans le voisinage du territoire des Indiens Crees. C'est de là que Louis Riel avait donné le signal de l'insurrection. Il savait pouvoir compter sur le concours de Big-Bear, le chef des Indiens Crees, ambitieux et courageux, mécontent du gouvernement canadien, dont il croyait avoir à se plaindre, et tout prêt à faire cause commune avec les demi-blancs contre lui. Puis il subissait l'ascendant de Louis Riel, que ses guerriers et lui considéraient comme une sorte de prophète, et qui avait, aux yeux des demi-blancs comme à ceux des Indiens, presque aussi superstitieux les uns que les autres, un incontestable prestige.

Louis Riel était né, en 1844, à Fort-Garry, aujourd'hui la ville de Winnipeg, dans le territoire du Manitoba. Bien que de sang mêlé, il tenait beaucoup plus de la race blanche que de la race indienne. Très intelligent, il retenait et apprenait facilement ; ses heureuses dispositions naturelles, sa docilité, son penchant pour les choses religieuses, attirèrent de bonne heure sur lui l'attention de l'archevêque catholique, Mgr Taché, qui l'envoya au séminaire de Montréal pour y faire son éducation. Il augurait favorablement de Louis Riel et espérait le voir entrer dans les ordres. Il n'en fut rien ; à l'expiration de ses études, Louis Riel revint se fixer à Fort-Garry. Là, sa supériorité intellectuelle, et surtout son patriotisme ardent, lui conquirent un grand ascendant auprès de ses compatriotes. En peu de temps il devint l'un des hommes les plus populaires du territoire, et, lorsqu'en 1869 éclata la première insurrection des métis, Riel fut appelé par eux à en prendre le commandement.

Le Canada venait d'acquérir les territoires du nord-ouest. Les demi-blancs voyaient cette cession avec inquiétude. D'une part, ils redoutaient l'application du système fiscal canadien ; de l'autre, ils se sentaient menacés, en tant que détenteurs du sol, n'ayant pour la plupart aucun titre écrit et ne possédant qu'en vertu du droit de préemption, qui avait pour eux force de loi. Riel prit, sans hésiter, le commandement qu'on lui offrait, et, avant que le gouvernement canadien eût pu s'y opposer, il s'emparait du fort de la Compagnie, décrétait l'organisation d'un gouvernement local dont il se proclamait chef et mettait en demeure les autorités d'accorder aux demi-blancs d'être représentés au parlement, ainsi que de leur garantir les droits de propriété et autres dont ils jouissaient. En même temps, bien renseigné par les Indiens et connaissant parfaitement le pays, il faisait main basse sur les dépôts d'armes et de munitions dont ils lui signalaient l'existence, armait et équipait ses partisans, dont le nombre grossissait chaque jour. Les milices volontaires anglaises tentèrent vainement de s'opposer à ses progrès ; Louis Riel les battit, et, résolu à inspirer la terreur, fit fusiller leur chef, Thomas Scott. Le général Wolseley, célèbre depuis, était alors lieutenant-colonel au service du Canada. Ce fut lui que le gouvernement chargea de réprimer l'insurrection. A la tête de 1,000 hommes de troupes régulières et des milices nationales, Wolseley réussit à atteindre le Fort-Garry. Hors d'état de résister, Riel dut licencier ses partisans et chercher un refuge aux États-Unis. Peu après, le gouvernement canadien le condamnait à cinq ans d'exil.

L'insuccès de Riel ne compromit en rien sa popularité : il avait fait preuve d'audace et d'énergie ; l'exil augmentait son prestige, et, tout vaincu qu'il fût et forcé de fuir, il obtenait cependant gain de cause dans une certaine mesure, puisque le gouvernement canadien admettait en principe les réclamations des demi-blancs et leurs droits à des compensations équitables. A l'expiration de sa sentence de bannissement, Riel rentrait dans le Manitoba, salué des applaudissements de ses compatriotes, prêts à se ranger de nouveau sous les ordres de celui qu'ils considéraient comme leur chef naturel, le représentant de leur race et le défenseur de leurs droits.

Il l'était et le fit bien voir en sachant résister à l'impulsion de ses partisans. Les *fenians*, ou Irlandais, nombreux et puissants aux États-Unis, animés contre l'Angleterre d'une haine implacable, non contents d'entretenir par leurs subsides l'agitation en Irlande, cherchaient, par tous les moyens possibles, à faire naître un conflit entre les États-Unis et l'Angleterre. Aux États-Unis même, ils se sentaient appuyés ouvertement par un parti considérable, tacitement par de hautes influences. Les États-Unis ne voyaient pas sans regrets le nord de l'Amérique aux mains des Anglais, ni sans une certaine satisfaction les dissentiments entre la race française d'origine et le gouvernement colonial. On caressait l'espoir de complications graves, de nature à amener un jour ou l'autre l'annexion de cet immense territoire ; on suivait avec attention le mécontentement chaque jour croissant d'une partie de la population, l'affaiblissement des liens qui l'unissaient à la métropole ; et, sans prêter aux *fenians* un concours compromettant, on leur laissait toute liberté d'action. Ils en usaient. Estimant le moment favorable, croyant pouvoir compter sur le concours des demi-blancs, ils organisaient sur les frontières du Canada une expédition de flibustiers destinée à envahir le Manitoba. Vaincus, ils savaient pouvoir se replier sur le territoire des États-Unis, et, grâce à la complicité morale des autorités, y trouver un refuge ; vainqueurs, ils ne doutaient pas d'être soutenus. Leur chef, O'Donohue, homme d'action et l'un des plus ardents agitateurs irlandais, entretenait des intelligences avec les mécontents du Manitoba. Il fit sonder Riel pour s'assurer de son concours. Riel le refusa. Le but qu'il poursuivait n'était pas l'annexion aux États-Unis, mais la prépondérance de l'élément français, devant amener, dans un temps peu éloigné, l'indépendance du Canada. Pour lui, l'annexion aux États-Unis n'eût été que l'absorption de l'élément français catholique noyé dans une invasion de colons américains protestants.

La plupart de ses compatriotes ne voyaient ni aussi loin ni aussi juste. Aigris et irrités, ils se montraient disposés à bien accueillir ceux qui leur offraient de faire cause commune contre un ennemi commun. Riel résista à ce courant d'opinion ; il fit plus, il ramena les demi-blancs à ses vues ; il les décida à repousser, même par la force, l'agression des *fenians* et informa le gouvernement canadien qu'il était prêt, lui et les siens, à coopérer aux mesures de défense que le gouvernement jugerait à propos de prendre en cas d'invasion. Cette attitude énergique ne fit qu'accroître sa popularité, et, aux élections pour le parlement, Louis Riel fut élu par le Manitoba. Cette élection suscita d'ardentes protestations dans le parti anglais, parmi les *loyalistes*, comme ils s'intitulaient. Riel, le chef des insurgés du Manitoba, l'assassin de Thomas Scott, à peine de retour de l'exil, osait de nouveau parler et agir en maître ; il briguait le mandat de membre du parlement canadien et réunissait la grande majorité des suffrages ! On proférait contre lui les menaces les plus violentes ; on lui promettait, s'il poussait l'audace jusqu'à venir à Ottawa, le sort de Thomas Scott, exécuté par ses ordres. Riel ne s'en rendit pas moins à Ottawa pour prêter serment et siéger ; mais telle était la terreur qu'inspiraient ses ennemis, que le greffier du parlement fut obligé de l'introduire seul, à la tombée de la nuit, dans la salle déserte, pour y recevoir son serment. Le lendemain, les abords du parlement étaient assiégés par une foule irritée, décidée à l'écharper s'il se présentait. Devant ces menaces, il s'abstint. Le président déclara son siège vacant, et Riel quitta Ottawa pour n'y plus revenir.

Désespérant, pour le moment, de pouvoir être utile à sa cause, il se retira de nouveau aux États-Unis. Les menaces dont il était l'objet, les accusations violentes dirigées contre lui accentuèrent, si elles ne déterminèrent pas chez lui, une crise intellectuelle et religieuse. Enclin par nature au mysticisme, né sous le ciel mélancolique et brumeux du nord-ouest, d'une mère de race blanche et d'un père métis de blanc et d'Indien, imbu de bonne heure des traditions catholiques, sa vie depuis l'âge de vingt ans s'était écoulée au milieu de ces vastes solitudes et de ces horizons sans limite. Deux idées dominantes hantaient son imagination : les profonds mystères de sa foi et les souffrances imméritées de ses compatriotes et des Indiens, qui ne demandaient qu'à vivre libres sur le sol que Dieu leur avait donné et que leur travail avait défriché. Riel ne comprenait rien aux exigences de la civilisation qui les serrait de près; il se révoltait contre ses injustices et ses envahissements. Sobre par nature, il s'indignait contre les marchands d'eau-de-vie qui favorisaient l'ivrognerie des Indiens et en profitaient pour acquérir à vil prix leurs terres et leurs biens. Il en était venu peu à peu à se croire investi d'une mission,

humaine au début, plus tard divine, à prendre
pour des inspirations d'en haut les suggestions de
son esprit frappé et de sa conscience révoltée, à
s'estimer en droit d'opposer à la force légale la
force matérielle. Dieu devait être avec lui, puisqu'il luttait pour lui. Réfugié dans la Montana, sur
les frontières du Canada, il y reçut, dit-il, sa première révélation : — « Il faut que tu marches en
avant », lui dit l'esprit. « Je ne savais rien alors,
ajouta-t-il, de l'agitation qui régnait dans le Manitoba, je priais nuit et jour, suppliant Dieu de
venir en aide à mes efforts pour protéger les Indiens et les demi-blancs contre l'eau-de-vie. Tout
à coup, le 4 juin 1884, je reçus une délégation de
mes frères du nord-ouest, m'invitant à venir me
mettre à leur tête. Je leur demandai un délai de
vingt-quatre heures pour prier et me confesser.
Le lendemain matin, je me confessai et commu-
niai avec Gabriel Dumont et Michael Dumas, puis
j'ouvris ma Bible et tombai sur ce passage : « Ne
« te détourne pas de celui qui te demande. » On
m'appelait; mon devoir était de partir. »

Tel était l'homme qui, en mars 1885, à la tête
d'une poignée de demi-blancs et d'Indiens, entrait résolument en lutte avec l'Angleterre. Il
débuta par organiser dans tout le territoire une
agitation pacifique et un vaste pétitionnement. Son
premier acte officiel fut la publication du *Bill of
rights*, résumé des réclamations présentées par lui

au nom de ses compatriotes. Il demandait : 1° la sous-division en provinces des territoires du nord-ouest ; 2° l'extension à tous les demi-blancs habitant lesdits territoires des concessions faites aux demi-blancs du Manitoba ; 3° la remise de titres réguliers aux colons en possession du sol ; 4° la mise en vente de 500,000 acres de terres non occupées et appartenant à l'État, le produit de ladite vente devant être affecté à la construction d'écoles et d'hôpitaux et à la remise, aux demi-blancs sans ressources, des semences et outils agricoles nécessaires à leurs exploitations ; 5° la mise à part d'une partie des terres coloniales pour être ultérieurement distribuées aux enfants des demi-blancs ; 6° une annuité de 5,000 francs par village pour l'entretien, dans chacun d'eux, de sœurs catholiques vouées à l'éducation des enfants et aux soins des malades ; 7° l'amélioration de la situation des Indiens et le contrôle rigoureux des agents chargés de leur distribuer les subsides du gouvernement.

Sur le refus tacite du gouvernement de discuter ces demandes et d'y faire droit, Louis Riel appela la population aux armes et invita les tribus indiennes à se joindre à lui. Leur concours lui était indispensable, étant données les conditions de la lutte qu'il engageait et la frayeur que la seule menace d'un soulèvement des Indiens causait dans tout le Canada. Derniers représentants de la race autochtone, les tribus indiennes qui errent encore dans ces immenses prairies du nord-ouest ne sont plus que les descendants dégénérés des peuplades guerrières dont Fenimore Cooper a décrit la grandeur et la décadence. Parqués comme des parias dans des *réserves* dont les colons leur disputent la possession, exploités par les agents chargés de leur distribuer, sous forme de vivres, de couvertures et d'effets, les subsides du gouvernement, ils végètent misérablement, décimés par l'ivrognerie et les privations. Quand la famine les étreint, quand ils ont échangé contre un verre d'eau-de-vie la couverture destinée à les abriter contre les rigueurs de l'hiver, quand le gibier se fait rare et le froid intense, ils pillent où ils peuvent et ce qu'ils peuvent, abattus à coups de fusil par les blancs, pour lesquels ils sont un danger constant. Dans le nord-ouest, plus à distance de la civilisation, leur existence serait moins dure, n'était l'eau-de-vie. Ils trouvent encore à chasser, à vendre des pelleteries aux trafiquants de fourrures, puis, si maigres que soient les secours que le gouvernement leur accorde, c'est quelque chose à ajouter au produit de leur chasse, de leur pêche, et à la rémunération du concours qu'ils prêtent aux demi-blancs pour la culture du sol.

Les plus redoutés et les plus redoutables sont les Indiens Sioux, chassés des États-Unis par l'invasion des émigrants. Contraints de remonter vers le nord, ils ont, pendant la guerre de sécession, franchi sur plusieurs points la frontière du Canada et se sont réfugiés dans les prairies et les forêts du nord-ouest. Le gouvernement canadien n'est tenu à rien vis-à-vis d'eux; ils n'ont aucun droit au sol, aucun droit à ses secours; ils vivent à l'état nomade, de chasse et de déprédations. Les Indiens *Crees* sont au nombre d'environ 15,000, les *Black feet* ou Pieds-Noirs environ 10,000. On ignore le nombre des Sioux. Si dégénérées que soient quelques-unes de ces tribus indiennes, elles ne laissent pas d'être redoutables par le nombre et la bravoure de leurs guerriers, par leur merveilleuse résistance à la fatigue, par leur connaissance des localités, leurs ruses et leur tactique militaire, qui consiste à tenir leur ennemi toujours en alerte, à le surprendre à l'improviste, à se débander pour se reformer plus loin, à dresser des embuscades et à éviter toute rencontre en rase campagne.

Auprès d'elles et de leurs chefs, Louis Riel avait un grand prestige. Les Indiens le tenaient pour un prophète. Leur sang coulait dans ses veines, il parlait leur langue, comprenait leurs besoins, compatissait à leurs misères; leur imagination superstitieuse entendait son langage mystique. Ils le savaient brave et le suivaient sans hésitation. N'était-ce pas lui que leurs traditions désignaient comme le libérateur appelé à leur rendre leur grandeur et leur liberté perdues? Big

Bear, le chef de la tribu des Indiens *Crees,* répondit à l'appel de Riel en mettant à sa disposition une partie de ses meilleurs combattants et en entrant lui-même en campagne avec les autres. Poundmaker, chef des Indiens *Stonies,* suivit son exemple et mit aux ordres de Riel ses plus habiles *scouts.* Ces *scouts* ou éclaireurs jouent dans les guerres indiennes un rôle important. Ils se recrutent parmi les jeunes braves de la tribu ; ils surveillent et épient l'ennemi. Doués d'une rare agilité, rompus à toutes les ruses, ils suivent la marche des colonnes, se rendent compte de leur force, se glissent jusque dans le camp, et, grâce à leur prodigieuse mémoire des localités, dirigent ensuite l'attaque sur les points faibles ou mal gardés. Rien n'échappe à leur œil vigilant et plus d'une fois úne poignée de *scouts* a réussi à paralyser les mouvements de toute une colonne en lui enlevant ses chevaux pendant la nuit, en incendiant les hautes herbes et en capturant ses convois.

Riel ne se dissimulait pas la responsabilité qu'il encourait en provoquant le concours d'alliés aussi compromettants. Il connaissait les Indiens, il savait qu'une fois déchaînés, il était bien difficile de maîtriser leurs passions brutales et violentes, que leurs guerres étaient des guerres d'extermination, qu'ils n'épargnaient ni les femmes, ni les enfants, ni les vieillards, mais il savait aussi que les Indiens se lèveraient, qu'il le voulût ou non, le jour où l'insurrection éclaterait, et il comptait sur son influence pour les empêcher de se porter à de trop cruelles extrémités.

Campé sur les bords du Saskatchewan avec ses demi-blancs, Riel occupait le gué de Batoché, barrant ainsi la route aux troupes que le gouvernement colonial dirigeait contre lui, et, s'appuyant sur le village peuplé de demi-blancs, centre de plusieurs missions tant catholiques qu'anglicanes et presbytériennes. Cette localité, qui servait d'entrepôt à la plupart des exploitations agricoles environnantes, était abondamment pourvue de grains, de bétail, d'approvisionnements de toute sorte. Riel avait fait fortifier le gué de Batoché et pouvait y tenir contre des forces supérieures. Les *scouts* indiens, explorant les deux côtés de la rivière, parcouraient la prairie sur leurs *ponies*, maigres comme leurs maîtres, comme eux durs à la fatigue, infatigables à la course.

Pendant ce temps, Big Bear, bien renseigné par les siens, se dirigeait à marches forcées sur Frog-Lake, situé à 120 milles de Battlefort et à 30 milles de Fort-Pitt. A Frog-Lake se trouvait un ancien fort construit par la Compagnie de la baie d'Hudson. Autour se groupait une population d'environ 200 habitants. Surpris avant d'avoir pu se mettre en état de défense, le fort fut emporté d'assaut, ses défenseurs égorgés. Ceux qui échappèrent au massacre s'enfuirent au hasard; deux femmes blanches, M^{mes} Delaney et Gowanlok, furent épargnées et gardées comme otages. Les Indiens avaient goûté du sang ; encouragés par ce premier succès, ils se dirigèrent sur Fort-Pitt. Un détachement de police à cheval y tenait garnison. Soldats éprouvés, endurcis à toutes les fatigues, rompus aux luttes avec les Indiens, ils connaissaient leur répugnance à s'attaquer à des ouvrages fortifiés et défendus. Des fugitifs échappés au massacre de Frog-Lake, des colons effrayés de la marche des Indiens et venant chercher un refuge à Fort-Pitt, grossirent rapidement le chiffre de la petite garnison et le portèrent à une centaine d'hommes.

Les Indiens suivaient de près ; au nombre d'un millier environ, ils cernèrent le fort. Ses défenseurs, bien armés, abrités derrière les meurtrières, les tenaient à distance. Les Indiens tentèrent d'enlever le fort d'assaut. A un signal de leur chef, ils se ruèrent sur les palissades, mais ils ne purent tenir sous la pluie de balles qui les accueillit et durent battre en retraite. Les assiégés respiraient, mais les vivres et les munitions se faisaient rares. Le fort n'était approvisionné que pour une trentaine d'hommes et il servait d'abri aux colons, à leurs femmes et à leurs enfants, auxquels il fallait distribuer des rations. Les vivres s'épuisaient, et, si ménager que l'on fût de la poudre et des balles, on ne pouvait tenir longtemps.

On espérait que, découragés par l'insuccès de leur tentative, les Indiens avaient levé le siège pour aller piller les fermes abandonnées ; mais, en l'absence d'éclaireurs, on en était réduit aux hypothèses. L'inspecteur de police, F.-J. Dickens, commandait la petite garnison. Son expérience de la tactique des Indiens lui faisait redouter une surprise, bien qu'on ne vît plus trace d'ennemis aux abords du fort. Il soupçonnait que Big Bear, renseigné par ses espions, était au courant des ressources dont il disposait, savait que le fort, approvisionné pour un nombre d'hommes restreint, ne pourrait longtemps subvenir aux besoins de ceux qu'il abritait et que l'assaut livré par lui avait eu surtout pour but d'épuiser rapidement les munitions des assiégés.

Adossé à la rivière par laquelle on y faisait tenir, à intervalles réguliers, les approvisionnements nécessaires, le fort n'était exposé aux attaques des Indiens que du côté de la prairie ; aussi la partie qui y faisait face était-elle solidement défendue par des palissades, des fossés et d'épais revêtements de terre. Par derrière, sur la rivière, on avait creusé une crique où l'on abritait une chaloupe destinée au service du fort. La retraite par eau était donc possible, mais la chaloupe ne pouvait contenir qu'un petit nombre d'hommes. Assisté de ses deux sergents, J.-W. Ralph et J.-H. Martin, Dickens procéda au recensement des vivres et des munitions. On en avait pour quelques jours à peine et un ou deux assauts épuiseraient ce qui restait de cartouches. Il résolut donc d'évacuer le fort et employa les non-combattants à la construction d'un large radeau. Ses soldats prendraient place dans la chaloupe, éclairant et remorquant le radeau et le maintenant autant que possible à l'abri des balles des Indiens au cas où ces derniers surveilleraient le cours de la rivière. Ces mesures prises, il attendit la nuit.

La journée s'écoula sans incidents. Aussi loin que la vue pouvait s'étendre, la prairie était déserte et un calme profond régnait partout. On se reprenait à espérer. La nuit vint. L'embarquement se fit en silence; on partait, quand le cri de guerre des Indiens éclata aux abords du fort. Profitant de l'obscurité, rampant à travers les hautes herbes, ils escaladaient les revêtements, brisant à coups de hache les palissades, entassant leurs débris contre les portes massives, incendiant ces amas de charpentes, dont la lueur leur permit de distinguer sur la rivière les fugitifs, qui s'éloignaient lentement. Abandonnant le fort en flammes, ils se ruèrent sur les berges, dirigeant leur feu sur la masse noire qui glissait au fil de l'eau. Les soldats ripostèrent, on se fusillait dans l'obscurité, mais tout l'avantage était du côté des Indiens, dispersés, s'abritant dans les herbes et derrière les arbres, suivant, au long de la rivière, la lourde marche du radeau, péniblement remorqué par la chaloupe. La supériorité du tir des blancs ne leur était d'aucun secours, obligés de riposter au hasard à des ennemis invisibles. La plupart succombèrent, et le petit nombre des fugitifs qui tombèrent aux mains des Indiens dut envier le sort de ceux qui étaient morts les armes à la main.

Pendant ce temps, le général Middleton marchait à la rencontre de Riel. La chute de Fort-Pitt l'obligeait à modifier son plan de campagne. Battleford était menacé par les Indiens, et il y avait urgence à ne pas laisser tomber entre leurs mains ce point important, qu'on n'eût pu reprendre qu'au prix des plus grands efforts. On était aux débuts du printemps, printemps froid et pluvieux. La débâcle des glaces commençait, le dégel rendait les routes impraticables; les convois de vivres s'embourbaient; il fallait tout amener avec soi, fourrages pour les animaux, approvisionnements pour les hommes, artillerie de campagne. Le général Middleton divisa ses troupes en deux colonnes. L'une, composée de 500 hommes et de deux batteries d'artillerie, sous son commandement, remontait vers le nord en suivant le cours de la rivière. Le vapeur *Northcote* devait appuyer sa marche et assurer le service des approvisionnements. L'autre colonne, sous les ordres de lord Malgund, comprenait environ 400 hommes, quarante *scouts*, deux batteries d'artillerie, et devait suivre parallèlement l'autre rive du Saskatchewan, de manière à prendre Riel en flanc pendant que Middleton l'engagerait de front. Enfin le colonel Otter devait se porter rapidement sur Battleford pour y renforcer le colonel Morris, hors d'état, avec les faibles ressources dont il disposait, de tenir longtemps contre une attaque des Indiens.

Riel attendait l'ennemi de pied ferme. Gabriel Dumont, son ami et son bras droit, commandait, sous sa direction, les demi-blancs ralliés autour d'eux et décidés à combattre jusqu'à la dernière extrémité. D'origine française, ancien trappeur de la Compagnie de la baie d'Hudson, Gabriel Dumont était connu dans tout le territoire du nord-ouest, où son habileté de chasseur, sa bravoure et son sang-froid lui avaient concilié l'estime des demi-blancs et le respect des Indiens. Nul ne connaissait mieux que lui ces interminables solitudes, où il s'aventurait à la poursuite des ours, des renards noirs et argentés, des martres et des loutres dont il vendait les fourrures, trafiquant avec les Indiens, vivant comme eux, joignant à leur merveilleux instinct de la vie nomade la supériorité intellectuelle de la race blanche. Nature flegmatique et calme, il admirait en Riel les facultés imaginatives et l'esprit mystique qui lui faisaient défaut ; il possédait, en revanche, un grand sens pratique ; il avait acquis, dans le cours de son existence

aventureuse, une remarquable habileté stratégique; il excellait à choisir un campement, à tirer
parti des avantages qu'il offrait pour s'y fortifier
et s'y défendre. Riel, qui l'appréciait à sa valeur,
lui avait confié le commandement en sous-ordre et
tenait ses conseils en grande considération.

Dumont fut d'avis de se porter en avant pour
arrêter la marche du général Middleton. Au sud de
Batoché se trouvait Fish Creek et le village de
Saint-Antoine-de-Padoue, frontière du territoire
des demi-blancs. Le terrain, plus accidenté, se
relevait en collines boisées formant un étroit
défilé. Gabriel Dumont y établit le camp sur la
hauteur et fit immédiatement creuser des *rifle
pits*, sorte de trous suffisants pour abriter un ou
deux hommes et leur permettre de recharger leur
carabine à couvert. Établis sur le penchant de la
colline, ces *rifle pits,* reliés les uns aux autres par
d'étroites tranchées, rendaient difficile la marche
d'une colonne d'assaut ; ils permettaient à leurs
défenseurs d'ajuster avec précision et de n'offrir au
tir de l'ennemi qu'un objectif fugitif et restreint.
Avec de l'artillerie, on pouvait avoir raison de
cet obstacle, mais l'endroit, habilement choisi par
Dumont, au coude du défilé, ne permettait le tir
de l'artillerie qu'à portée de carabine, et il devait
être difficile de l'amener et de la maintenir en
ligne sous un feu d'une justesse aussi parfaite que
celui des demi-blancs, habitués dès l'enfance au

maniement de leurs armes, ménagers de leur poudre et manquant rarement leur but.

Le général Middleton avançait avec prudence ; il avait réussi à se procurer parmi les Indiens *Black feet*, restés fidèles au gouvernement colonial et ennemis des *Crees*, un certain nombre de *scouts*, qui éclairaient sa marche. Le 23 avril, ils l'avisèrent que sa colonne était surveillée par les *Crees ;* ils en concluaient que l'ennemi ne pouvait être très éloigné. Le 24, en effet, ils lui signalaient sa présence à quelques milles de distance, à l'entrée du défilé. Le général Middleton donna ordre au major Boulton de se porter en avant avec les éclaireurs et, au gros de la colonne, de se préparer à l'attaque. Riel et Dumont les laissèrent s'engager à bonne portée de balles et ouvrirent le feu, feu meurtrier qui jeta bas une partie de l'avant-garde. Les troupes ripostèrent, mais leurs balles se perdaient dans le vide et passaient en sifflant au-dessus des *rifle pits*. Un temps d'arrêt se produisit, les soldats hésitaient à se lancer à l'assaut de ces pentes boisées, coupées de trous et de tranchées, qui leur cachaient l'ennemi. Le général fit avancer le 90<sup>e</sup> bataillon, commandé par le capitaine Clarke.

Le bataillon pénétra dans le défilé sous un feu terrible. Pour s'y soustraire, les hommes s'avançaient en rampant. En ce moment, le général Middleton, qui les encourageait du geste et de

la voix, eut sa tunique traversée d'une balle :
« Debout ! tenez-vous debout ! cria-t-il à ses soldats ; si je m'étais baissé, la balle me frappait à la
tête. » Encouragés par son exemple, les soldats, se
déployant en tirailleurs, abordèrent l'obstacle. Le
capitaine Clarke marchait en avant. Le feu des
demi-blancs redoubla. Frappé d'une balle, le capitaine Clarke tomba ; le désordre se mettait dans
les rangs des assaillans quand le général fit avancer deux batteries d'artillerie sous les ordres du
capitaine Peters et commanda un mouvement
général pour forcer le passage et franchir le
défilé. Riel et Dumont suivaient d'un œil attentif
les manœuvres de leur adversaire. Devinant son
intention, ils ramenèrent en arrière le gros de
leurs troupes, laissant ordre aux tirailleurs de
ralentir leur feu pendant quelques instants, mais
de tenir bon dans leurs *rifle pits* et de viser surtout aux chevaux. Les chevaux, blessés, affolés
dans cet espace restreint, jetaient le trouble
parmi les troupes et paralysaient le mouvement
des batteries. La colonne avançait péniblement,
prise en flanc par le feu des tirailleurs, se heur-
tant de front aux défenses improvisées que
Dumont avait fait élever en hâte pour barrer la
route. Les troupes faiblissaient ; un désastre était
imminent.

La journée s'avançait. Middleton envoya prévenir lord Malgund, qui remontait le cours de la

rivière sur l'autre rive, de lui amener des renforts. Lord Malgund, entendant le bruit de la fusillade, avait compris que son chef était aux mains avec l'ennemi ; les détonations de l'artillerie lui donnèrent à penser que l'engagement était sérieux. Suspendant sa marche, il avait fait préparer les chalands pour traverser la rivière en cas de besoin. Avisé du danger que courait la colonne de gauche, il embarqua en hâte une compagnie du 10e régiment, en prit le commandement, donna ordre à deux autres compagnies et à la batterie de campagne de venir les rejoindre, et, après une marche d'un kilomètre pour prendre l'ennemi en flanc, il vint prêter main-forte à l'avant-garde. Ce renfort permit au général Middleton de reprendre l'offensive. Maître des deux côtés du défilé, il entendait écraser l'ennemi entre deux feux. Le combat durait depuis le matin, mais cette fois les troupes ressaisissaient l'avantage. Cernés dans le défilé, Riel et les siens semblaient perdus. Ils n'en continuaient pas moins la luttte sans faiblir. Leur tir, aussi sûr, portait aussi juste. L'artillerie de leurs adversaires tirait à mitraille, mais ils tenaient toujours dans leurs *rifle pits*. Leurs rangs étaient éclaircis, mais ceux qui restaient chargeaient et déchargeaient leurs carabines avec la même précision, sans se lasser, sans se presser, jetant bas tout ennemi qui se montrait à découvert.

A cinq heures du soir, le général Middleton,
convaincu de l'inutilité de ses efforts et redoutant, à la tombée de la nuit, un mouvement offensif des Indiens, habiles à jeter la panique parmi
des troupes épuisées, donna l'ordre de suspendre
l'attaque et de se replier en arrière. Les deux
aides de camp, le capitaine Wise et le lieutenant
Doucet, étaient blessés. Lord Malgund avait eu
son cheval tué sous lui. La nuit venait, accompa-
pagnée d'une pluie battante et d'un froid péné-
trant. Le Saskatchewan charriait des blocs de
glace qui rendaient périlleuse la traversée des
chalands; on manquait de tout pour les blessés.
Les troupes harassées par une longue lutte, dé-
couragées par leur insuccès, se sentant entourées
d'ennemis invisibles, appréhendaient une surprise des Indiens et campaient en armes, attendant le jour. Le général Middleton, anxieux, craignait pour ses approvisionnements, qui se trouvaient de l'autre côté de la rivière, dégarni de
troupes par l'appel des renforts, et que gardaient
seuls une compagnie du 10e régiment et 50 éclaireurs (1).

Le lendemain, 25, le général dut laisser reposer
ses hommes; le 26 seulement, une forte reconnaissance poussée en avant constata que les rebelles
avaient évacué le terrain sur lequel avait eu lieu

(1) *The Canadian Rebellion*, par lord Malgund; *Nineteenth
Century,* août 1885.

la bataille. Ils s'étaient repliés sur Batoché, à 10 milles de là, sur le bras sud du Saskatchewan.

La nouvelle de l'échec des troupes coloniales à Fish-Creek avait causé dans tout le Canada une sensation d'autant plus profonde que la milice engagée était composée en grande partie de volontaires, et qu'un grand nombre de familles comptaient des représentants dans ses rangs. A Québec, à Montréal, à Ottawa, on ignorait les détails, les noms des tués et des blessés; l'anxiété et la rumeur publique grossissaient l'étendue du désastre; les adversaires politiques de sir John Mac-Donald et du ministère l'attaquaient sans relâche dans le parlement. Au dehors l'opinion publique lui était hostile. On lui reprochait de n'avoir pas su, par des concessions opportunes, conjurer un conflit redoutable, d'avoir ajourné constamment l'examen des réclamations des demi-blancs. Beaucoup estimaient que les demandes de Riel étaient fondées, que l'achat par le Canada des territoires du nord-ouest impliquait le respect des droits acquis antérieurement à cet achat, et que le gouvernement colonial ne pouvait, à son gré, imposer aux détenteurs des terres un cadastre nouveau.

Dans les séances de la Chambre, M. Blake mettait en demeure sir John Mac-Donald de s'expliquer sur les causes du conflit; ce dernier s'y refusait, alléguant que, dans la situation actuelle, l'intérêt du pays exigeait l'ajournement de cette discussion. Dans le Sénat, sir Alexander Campbell, ministre de la guerre, défendait de son mieux les agents de l'administration indienne, auxquels on reprochait d'avoir, par leurs exactions éhontées, poussé les Indiens à la révolte en les affamant. Les adversaires du ministère établissaient, preuves en mains, que la misère des Indiens n'était que trop réelle. Dépouillés de leurs territoires de chasse cadastrés et mis en vente, ils s'étaient vus, chaque année, refoulés vers les montagnes Rocheuses. Les buffles, leur principale ressource, avaient disparu. En 1883, le trafic des peaux de buffles, à Saint-Paul, avait porté sur un chiffre de 150,000; en 1884, on en avait vendu 300. Parqués dans leurs *réserves*, les Indiens n'avaient plus pour vivre que les subsides du gouvernement, et ces subsides passaient par les mains d'agents prévaricateurs qui faisaient fortune à leurs dépens. On affirmait que, sur les 25 dollars par tête alloués aux Indiens, ceux-ci en recevaient à peine 5. Avec Riel, on accusait les agents de favoriser l'introduction de l'eau-de-vie et on rappelait le dicton cruel et brutal : « Le meilleur Indien, c'est l'Indien mort « (*The best Indian is a dead one*). On produisait enfin des lettres de colons du nord-ouest déclarant que les Indiens en étaient réduits à se nourrir de porc pourri que leur donnaient les agents, ou à mourir de faim.

Pendant que Riel tenait en échec le général Middleton, Poundmaker, à la tête de ses Indiens, se préparait à attaquer Battleford, sur le bras nord du Saskatchewan, à 50 lieues environ de Batoché. La *réserve* assignée par le gouvernement canadien à Poundmaker et à sa tribu se trouvait dans le voisinage de Battleford. L'agitation inusitée des Indiens avait éveillé l'attention du commandant du fort chargé de surveiller la *réserve*. Un blanc, M. Arthur, retenu prisonnier par Poundmaker, parvint à s'échapper, à gagner le fort et à donner avis d'une attaque imminente. Le commandant détacha le chef de ses *scouts*, Ross, avec ordre de pénétrer, si possible, dans le campement des Indiens et de s'assurer de leurs projets ; en même temps, il envoyait avis à Battleford du danger qui menaçait la ville. A la faveur de la nuit, Ross réussit à se glisser dans le camp des Indiens et même à assister sans être vu à une conférence des chefs. Familiarisé avec la langue des Crees, il n'eut bientôt plus de doutes sur leurs projets, mais pour lui l'occasion était trop tentante pour la laisser échapper. Rampant entre les herbes, s'abritant derrière les arbres, il rejoignit ses hommes, et au moment où les Indiens se séparaient, une décharge de carabines en abattait un certain nombre. Ne comprenant rien à ce dont il s'agissait, croyant à une méprise de leurs propres guerriers, ils couraient au hasard, les uns pour prendre leurs armes, les autres pour intervenir. Profitant de la confusion, Ross parvint à regagner le fort sans perte.

Le colonel Otter commandait à Battleford ; au reçu de la dépêche l'avisant du danger qui le menaçait, il résolut de le conjurer en le devançant. A la tête d'une colonne de 300 hommes de police et de troupes, il se porta en avant. Le 5 mai, après une marche de 35 milles, il atteignait le campement des Indiens. Bien que pris à l'improviste, Poundmaker fit tête avec énergie. Le combat, commencé à cinq heures du matin, se prolongea pendant sept heures. Les Indiens faiblissaient, quand leurs *squaws*, saisissant les armes de ceux qui étaient tombés, vinrent se joindre à la lutte, excitant les combattants par leurs imprécations. A midi, le feu se ralentit et cessa. Le colonel Otter hésitait à pousser plus loin, craignant de voir couper ses communications avec Battleford ; les Indiens se tenaient pour satisfaits d'avoir arrêté l'ennemi et de conserver leurs positions. De part et d'autre, on s'estimait victorieux, et le colonel Otter rallia Battleford, convaincu que les Indiens ne se hâteraient pas de l'y venir chercher.

Le même jour, pendant que ces événements se passaient aux environs de Battleford, le vapeur *Northcote* amenait au général Middleton ses renforts et ses approvisionnements. Le 7, tout étant prêt, il levait le camp et se dirigeait sur Gabriel Crossing, à 6 milles de Batoché. Le 8, ses éclaireurs prenaient contact avec ceux de Riel, qui occupait Batoché. A cinq heures du matin, le 9, le général donnait l'ordre de se porter en avant. Incertain de l'issue de la lutte, il ne fit pas lever le camp, qu'il laissa à la garde des non-combattants. Le vapeur *Northcote* devait concourir à l'attaque, descendre la rivière, prendre Batoché à revers, pendant que lui-même l'aborderait de front, et couper ainsi les communications de Riel avec l'autre rive du Saskatchewan. Une compagnie de carabiniers et deux pièces de campagne étaient embarquées à bord. A huit heures du matin, le général Middleton arrivait devant Batoché. L'avant-garde de Riel, dissimulée derrière un rideau d'arbres qui masquait le village, ouvrit le feu sur les troupes. Plus loin, sur la rivière, on entendait distinctement les décharges de l'artillerie du *Northcote* et l'appel continu de son sifflet indiquant que le vapeur se trouvait en détresse ou aux prises avec un ennemi supérieur. Le général donna ordre à son artillerie de se porter en avant et de déloger l'ennemi du bois qui lui cachait le village. Soutenue par les *scouts* déployés en tirailleurs, l'artillerie dirigea sur ce point quelques volées à mitraille et força l'avant-garde de Riel à se replier.

Au débouché du bois, les troupes atteignaient un plateau découvert surplombant le coude de la rivière. Devant elles, et dans un creux, longeant le cours de l'eau, s'étendait le village entouré d'arbres; une longue pente boisée descendait au Saskatchewan. Le général Middleton fit immédiatement mettre son artillerie en batterie et ouvrir un feu plongeant sur Batoché. De la hauteur qu'il occupait on apercevait les rebelles massés en force à l'abri de l'église Saint-Laurent et, sur la rivière, le *Northcote* en détresse. Bien renseignés par leurs éclaireurs, qui, depuis la bataille de Fish-Creek, n'avaient perdu de vue aucun des mouvements de l'armée canadienne, Riel et Dumont avaient posté à quelques milles au-dessus de Batoché, à un endroit où les eaux basses rendaient la navigation lente et difficile, des éclaireurs des deux côtés du Saskatchewan. Forcé de ralentir sa marche, le *Northcote* s'était trouvé pris entre deux feux. Il avait vainement riposté. Abrité dans ses *rifle pits*, l'ennemi ajustait à loisir, rendant le pont intenable. Le pilote était tué, la cheminée criblée de balles, et le vapeur était venu s'échouer sur un banc de sable. Son équipage avait réussi toutefois à le dégager, et suivant lentement le fil de l'eau, il avait atteint Batoché, mais il ne gouvernait plus et le courant l'entraînait sous une pluie de balles.

Le feu plongeant des batteries de Middleton contraignit les rebelles à évacuer l'église Saint-Laurent. Ils se replièrent sur le bois derrière le village. Middleton commanda de les y suivre ; l'infanterie formée en colonne se mit en marche; l'artillerie devait la soutenir. Ce mouvement s'exécutait quand le cri de guerre des Indiens retentit à quelques pas. Profitant habilement des pentes boisées, ils les avaient escaladées; débouchant sur le plateau à quelques mètres seulement des artilleurs occupés à atteler leurs pièces, ils ouvraient sur eux un feu à courte portée et luttaient corps à corps pour s'emparer de l'artillerie. Heureusement, pour l'armée canadienne, le capitaine Howard, commandant la batterie Gatling, avait ses pièces prêtes. Par un mouvement rapide, il les porta en arrière et fit feu à mitraille sur les assaillants, que cette décharge rejeta en désordre. L'artillerie était sauvée. Le capitaine Howard fit immédiatement avancer les pièces, couvrant les pentes de ses feux, et ne se remit en marche qu'après avoir repoussé les Indiens à grande distance.

Poursuivant son mouvement, le général Middleton pénétrait dans Batoché, délogeant les troupes de Riel, qui se repliaient en bon ordre sur le bois. L'église Saint-Laurent était évacuée ; au moment où le général débouchait sur la place, un prêtre, debout sur le seuil, agitait un drapeau blanc. Le général s'avança, lui tendit la main, et apprit de lui que l'église était remplie de femmes et d'enfants qui étaient venus y chercher un abri, que le vapeur *Northcote* descendait la rivière sous le feu des rebelles et qu'il était fort à craindre qu'il ne tombât dans leurs mains, enfin que Riel et Dumont, fortement retranchés dans le bois, y avaient fait creuser de nombreux *rifle pits* qui en rendaient l'accès difficile et d'où on ne les délogerait probablement pas sans de grands efforts. Il ajouta qu'un corps considérable d'Indiens campait de l'autre côté de la rivière et que Riel avait sous ses ordres leurs plus braves guerriers. Le général Middleton fit transporter ses blessés dans l'église et commanda d'ouvrir le feu sur le bois. Ses éclaireurs et l'infanterie déployés en tirailleurs abordaient la lisière sous le commandement du capitaine French. Il était alors deux heures de l'après-midi ; le combat durait depuis huit heures du matin.

On avait successivement dégagé les abords de Batoché, rejeté l'ennemi sur le village qu'il était contraint d'évacuer en partie sous le feu plongeant de l'artillerie, mais on ne serait maître de la place qu'à la condition de déloger les rebelles du bois qu'ils occupaient et d'où un mouvement offensif était toujours à redouter. D'autre part, l'attaque du *Northcote* avait échoué, le vapeur en dérive courait risque de tomber aux mains de Riel, dont les communications avec l'autre rive étaient intactes, et qui, battu, pouvait encore mettre la rivière entre Middleton et lui. Il importait donc d'en finir, et on aborda le bois avec toutes les forces disponibles. Mais les efforts redoublés de l'attaque vinrent se briser contre l'énergie de la défense. Les demi-blancs se trouvaient sur un terrain qui leur était familier, dans des conditions qui leur étaient favorables. Peu habitués à lutter en rase campagne, ils recouvraient tout leur sang-froid et leur indomptable persévérance dans leurs *rifle pits*, excellant à ajuster rapidement, à se dérober au feu de leurs adversaires, à manéger leurs forces et leurs munitions. De deux heures à cinq heures, les troupes canadiennes se battirent sans pouvoir avancer. Riel, Dumont, Garneau, parcourant sans relâche les positions qu'ils occupaient, encourageaient et soutenaient les combattants. Le général Middleton espérait, d'après les rapports de ses *scouts*, que les munitions des rebelles s'épuiseraient ; mais, vers cinq heures du soir, leur feu subitement plus nourri et l'examen de quelques balles perdues, d'un calibre et d'une fabrication différents, lui montrèrent qu'ils avaient dû recevoir des approvisionnements par la rivière.

A la nuit tombante, Riel reprit l'offensive. Le vent se levait ; par ses ordres, les Indiens mirent le feu aux hautes herbes et aux fourrés dont la brise rejetait les flammes et la fumée sur ses troupes canadiennes et jusqu'aux abords de l'église, où le général Middleton avait établi son quartier-général et ses blessés. Force fut de l'évacuer. Les blessés furent transportés dans les wagons. L'artillerie réussit toutefois à arrêter le mouvement de Riel, et à minuit le feu cessa sur toute la ligne. Middleton donna ordre à lord Malgund de se rendre à la station télégraphique de Humbold pour transmettre au gouvernement avis de l'état des choses et presser l'envoi de renforts. De part et d'autre on garda ses positions.

La situation du général Middleton ne laissait pas que d'être critique, mais son énergie était à la hauteur de sa tâche. Certain d'être inquiété dans sa retraite s'il tentait un mouvement en arrière, redoutant pour ses troupes la fatigue et la démoralisation qui en résulteraient, il se décida, après consultation avec ses principaux officiers, à ne pas lâcher prise et à se cantonner fortement dans la partie du village qu'il occupait. La matinée du lendemain fut employée à fortifier les abords de l'église, dont il reprit possession, à couvrir ses avant-postes par des revêtements de terre et à rectifier la position de ses troupes. Vers midi, le feu reprit sur toute la ligne, le 90e bataillon et les grenadiers soutenus par l'artillerie attaquant de front les positions des rebelles, dont le tir semblait se ralentir. Encouragés par cet indice et formés en colonne, ils abordèrent vigoureusement l'obstacle ; mais ce n'était qu'une tactique de Riel pour les amener à s'engager plus avant. Accueillis par un feu violent, ils furent obligés de reculer. Pendant cette attaque le général Middleton avait fait creuser en arrière de sa colonne d'assaut des *rifle pits* occupés par ses meilleurs tireurs ; accentuant le mouvement de recul de ses hommes, il espérait que les rebelles, entraînés par la poursuite, viendraient se heurter à ces obstacles et qu'un retour offensif lui rendrait l'avantage. Mais Riel et Dumont, prévenus par leurs *scouts*, qui se glissaient jusqu'aux abords du camp canadien, retinrent leurs hommes.

La journée du 11 devait être décisive. A six heures du matin, le général Middleton passait ses troupes en revue : « Il nous faut enlever Batoché aujourd'hui, mes enfants, et en finir. » A sept heures, l'attaque recommençait. Du côté des demi-blancs, aucun symptôme de lassitude. Leur feu bien nourri tenait leurs adversaires à distance ; les *rifle pits* étaient aussi nombreux et aussi bien défendus. Vainement l'artillerie faisait pleuvoir sur eux et sur les maisons de Batoché une grêle de mitraille : le tir continuait sûr et régulier. A midi, les assaillants n'avaient pas gagné un pouce de terrain. Après un court temps d'arrêt, la bataille reprit de nouveau.

A mesure que l'après-midi avançait, le feu des rebelles se ralentissait. Depuis quatre-vingts heures, ils tenaient bon dans leurs *rifle pits*, mais il était visible que leurs forces s'épuisaient et que leurs munitions diminuaient, Le général Middleton multipliait ses assauts ; à trois heures, il donna ordre au capitaine French de prendre le commandement des *scouts* tenus en réserve depuis le matin, et de se lancer à fond. A ce moment, un prisonnier de Riel, Astley, s'avançait en parlementaire, agitant un drapeau blanc. Il était porteur d'un message écrit de Riel ainsi conçu : « Si vous ne cessez pas immédiatement de tirer sur les maisons où sont réfugiés nos femmes et nos enfants, je fait mettre à mort les prisonniers que nous détenons, en commençant par Lasp, l'agent préposé aux réserves indiennes. » Middleton lui répondit : « Faites-moi savoir où sont réfugiés vos femmes et vos enfants, je ferai suspendre le feu dans cette direction. » Un second message de Riel contenait ces mots : « Général, votre prompte réponse me prouve que vous n'êtes pas insensible aux considérations d'humanité. Je vais faire réunir les femmes et les enfants dans un même endroit et vous en aviserai. » Sur l'enveloppe il avait ajouté au crayon : « Je hais la guerre, mais si vous ne vous retirez pas ou si vous me refusez une entrevue, je maintiens ma décision en ce qui concerne les prisonniers. » Middleton communiqua ce message à ses officiers et, par eux, à ses troupes. Le sort des prisonniers dépendait de leur bravoure et de leur impétuosité. Officiers et soldats, sur un signe de leur général, se ruèrent à l'attaque. French, à la tête de ses *scouts*, aborda le village au pas de course, chassant devant lui l'ennemi déconcerté par son élan. Une balle le frappa à la tête au moment même où, atteignant la maison dans laquelle Riel détenait ses prisonniers, il en faisait briser les portes. Vainement Riel et Dumont tentèrent de rallier leurs hommes. La panique s'était mise dans leurs rangs. Fuyant en désordre, acculés à la rivière, bon nombre d'entre eux essayèrent de gagner l'autre rive à la nage ; la plupart, tués par les carabiniers, teignaient de leur sang l'eau, qui charriait leurs cadavres. Riel, Dumont, Garneau et les principaux lieutenants réussirent à se jeter dans une barque et à s'échapper. Le même soir, le général Middleton expédiait à Ottawa une dépêche annonçant la prise de Batoché. En même temps, un message l'avisait que le vapeur *Northcote* était hors de danger. A son bord se trouvait comme volontaire Hugh Mac-Donald, fils du premier ministre.

Les demi-blancs étaient vaincus, mais, tant que Riel était libre, une nouvelle prise d'armes était possible, et si Riel parvenait à rejoindre Poundmaker ou Big-Bear, la guerre pouvait se prolonger longtemps encore. Sur l'ordre de Middleton, les *scouts* fouillaient les bois et les abords de la rivière. Les renseignements reçus donnaient à croire que Riel et Dumont s'étaient séparés, que Dumont avait réussi à se mettre hors d'atteinte, mais que Riel, inquiet du sort de sa femme et de ses enfants, prisonniers dans Batoché, errait aux alentours. Le surlendemain du combat, trois éclaireurs de Middleton, Armstrong, Hourie et Dript, rencontraient Riel à un mille et demi de Batoché, accompagné de trois de ses hommes. Les éclaireurs armaient leurs carabines quand Riel s'avança vers eux : « Inutile de tirer, dit-il ; j'allais me livrer, je veux revoir ma femme et mes enfants. » Prévenu de son arrestation, le général Middleton consigna les troupes dans leurs tentes. Il redoutait l'exaspération de ses soldats et l'assassinat de son prisonnier. Riel, amené devant lui, déclara qu'il eût pu s'enfuir avec Dumont et gagner le territoire de Montana aux États-Unis, mais qu'il n'avait pu se décider à abandonner les siens. « La guerre que j'ai soutenue, ajouta-t-il, aura du moins pour résultat de forcer le gouvernement à examiner les justes réclamations des demi-blancs et des Indiens. » Puis, s'interrompant au moment où une batterie d'artillerie défilait devant la tente il reprit : « J'espère, général, que vous ne ferez pas attacher ma femme et mes enfants à la gueule de ces canons. »

La prise de Batoché, la défaite des demi-blancs et la capture de leur chef permettaient au général Middleton d'agir contre Poundmaker et Big-Bear. Campé aux environs de Battleford, Poundmaker avait réussi à s'emparer d'un convoi de vivres, d'armes et de munitions destiné au ravitaillement des troupes. Il se préparait à marcher sur Batoché pour rallier Riel quand il apprit que Riel était vaincu et prisonnier, Dumont en fuite, et que le général Middleton, accompagné de 400 hommes, venait d'arriver à Battleford à bord du vapeur *Northwest*. Ces nouvelles jetèrent l'alarme dans le camp indien. La jonction des forces du colonel Otter et du général rendait critique la situation de Poundmaker, qui s'empressa d'ouvrir des négociations. Le 26, il livrait ses armes, restituait le convoi, libérait ses prisonniers et se rendait sans conditions.

Big-Bear seul tenait encore. Campé aux environs de Fort-Pitt, sa réputation de courage et d'audace avait rallié autour de lui beaucoup de jeunes guerriers indiens appartenant à diverses tribus, mais ambitieux de servir sous ses ordres et d'accroître leur renom de bravoure. Il disposait de plus de 800 combattants. Le colonel Strange occupait Fort-Pitt. Depuis trois semaines il cherchait vainement à se renseigner sur la position des Indiens; Big-Bear éludait sa poursuite, pillant les fermes, s'emparant du bétail et recrutant des adhérents. Prévenu enfin que le chef indien se trouvait à une vingtaine de milles du fort, le colonel Strange se mit en marche, et le 28 mai ses éclaireurs lui signalaient la présence de Big-Bear et de ses Indiens sur une hauteur au nord-est de son campement. A la tête de 300 hommes d'élite du 65e régiment de Montréal, soutenus par les carabiniers de Winnipeg et deux pièces de campagne le colonel Strange se porta à leur rencontre; Big-Bear accepta le combat. La hauteur qu'il occupait était entourée d'un marais qui rendait difficile une attaque de flanc. Les troupes n'hésitèrent pas à aborder de front, mais le feu plongeant des Indiens arrêtait leur élan. Le colonel Strange réussit, non sans peine, à contourner le mamelon et à amener sur le plateau une compagnie de carabiniers dont le tir jeta un instant le désordre dans le camp indien. Big-Bear lança de ce côté 200 de ses meilleurs guerriers, devant l'impétuosité desquels les carabiniers durent battre en retraite. L'artillerie, mise en ligne en arrière, faillit même être capturée. Contrairement à leur tactique habituelle les Indiens s'exposaient à découvert, et, à plusieurs reprises, des bandes de 20 ou 30 guerriers se lançaient en avant jusqu'à quelques mètres des pièces. Après quatre heures de combat, convaincu qu'il ne réussirait pas à enlever la position, le colonel Strange fit cesser le feu et ramena ses troupes ; la retraite s'effectua sans encombre, et le même soir il regagnait Fort-Pitt, où l'attendait un message du général Middleton l'informant de la soumission de Poundmaker et l'avisant qu'il s'embarquait pour Fort-Pitt avec le 90° bataillon de Winnipeg, composé de soldats aguerris, ayant pris part à toute la campagne.

Arrivé à Fort-Pitt, Middleton prit immédiatement ses mesures pour en finir avec Big-Bear. Il donna au capitaine Steele le commandement de 70 *scouts* triés dans tous ses corps de l'armée et supérieurement montés. Steele devait se diriger vers le sud en décrivant une courbe et se porter ainsi en arrière des Indiens, pendant que Middleton et Strange s'avanceraient à leur rencontre. Steele avait ordre d'éviter tout engagement avec les Indiens, de reconnaître leurs positions, d'en donner avis au commandant en chef et de manœuvrer de façon à leur couper la retraite. Le 3 juin, Steele débouchait à l'improviste dans une clairière au moment où les Indiens levaient leur camp. Le choc fut si brusque et la rencontre si inattendue que la lutte s'engagea presque corps à corps. Steele réussit toutefois à se dégager et à rallier ses hommes, non sans avoir fait subir aux Indiens des pertes considérables. Les vivres leur manquaient, leurs munitions s'épuisaient, le désordre se mettait dans leurs rangs. Deux jours après ce combat, Big-Bear était fait prisonnier et ses Indiens se soumettaient sans conditions.

L'insurrection était vaincue, les opérations militaires terminées. Il restait à faire la part des responsabilités de chacun, à examiner dans quelle mesure les réclamations des demi-blancs et des Indiens étaient fondées et à décider du sort des prisonniers. Cette tâche incombait à l'administration civile et à l'administration judiciaire.

Le gouvernement canadién n'envisageait pas sans de sérieuses appréhensions les embarras qu'allait lui causer le procès de Riel. Si l'élément anglais domine dans le haut Canada, il n'en est pas de même dans le bas Canada. D'après le recensement précédent, celui de 1881, cette province comptait alors 1,358,469 habitants, dont 1,073,820 se réclamaient de leur origine française, contre 123,749 descendants d'Irlandais, 54,923 d'origine écossaise, 81,515 d'origine anglaise ; le reste appartenant à des nationalités diverses. Sur un chiffre total de 4,324,810 habitants, les Canadiens français figuraient pour environ 2,000,000, descendants authentiques des 60 ou 70,000 colons laissés sur les rives du Saint-Laurent ou dans les criques de la péninsule acadienne au moment de l'abandon de la Nouvelle-France. Si les Canadiens français n'avaient pas pris fait et cause pour Riel, s'ils s'étaient abstenus de lui prêter un concours actif, il n'en était pas moins vrai que les sympathies du plus grand nombre lui étaient acquises, et que, dans le parlement, leurs représentants avaient, en maintes circonstances, élevé la voix pour réclamer une enquête sur les griefs des demi-blancs, et des mesures plus humaines vis-à-vis des Indiens.

Puissante par le nombre, par l'influence et par la culture intellectuelle, cette population est arrivée à faire accepter au Canada sa langue comme langue officielle au même titre que l'anglais, à être représentée dans le ministère aussi bien que dans le parlement, à créer et à entretenir des universités exclusivement françaises, une presse quotidienne, à soutenir un clergé catholique. A se l'aliéner on courait un grand risque, celui de rompre le lien si frêle qui unit encore le Canada à la métropole et de provoquer une rupture que souhaite un parti nombreux. La haine implacable et vivace des Irlandais contre toute domination anglaise, le mécontentement des partisans du libre échange causé par les mesures protectionnistes de l'administration de sir John Mac-Donald, haine et mécontentement avivés sous-main par les fenians, ne permettaient guère au ministère de s'aliéner les votes et l'appui des Canadiens français. Toutefois la loi devait suivre son cours. Le 20 juillet 1885, le gouverneur général prorogeait le parlement, et le même jour Louis Riel comparaissait devant la cour de Régina sous la prévention du crime de haute trahison. Interrogé par le juge Richardson, président du tribunal, il déclarait plaider la non-culpabilité. Les avocats Fitzpatrick et Lemieux défendaient l'accusé, que poursuivait Mᵉ Robinson, remplissant les fonctions du ministère public.

Riel ne prétendait pas être innocent des charges que l'accusation relevait contre lui, ni décliner la responsabilité de ses actes. Il reconnaissait avoir pris part à l'insurrection, en avoir été le chef, tout en laissant à son lieutenant Dumont la direction des opérations militaires ; mais il déclarait que cette insurrection était légitime, que les demi-blancs n'avaient fait que défendre leurs droits, violés depuis des années, et repousser la force par la force. Il alléguait pour sa justification les nombreuses pétitions présentées, conformément à la loi, par les demi-blancs pour obtenir justice, le silence dédaigneux qu'on leur avait opposé, l'agitation, toute pacifique au début, à laquelle il avait eu recours pour obtenir, tout au moins, l'examen de leurs plaintes, agitation autorisée par de nombreux précédents, et conforme aux usages anglais. Puis, d'accusé il se faisait accusateur. Le gouvernement canadien, en acquérant de la Compagnie de la baie d'Hudson les immenses territoires du nord-ouest, en devenait propriétaire, mais à la charge pour lui de respecter les droits antérieurs à sa prise de possession. Or les demi-blancs occupaient les terres dont ils réclamaient la propriété bien avant la cession au gouvernement canadien. Ils les occupaient du consentement tacite de la Compagnie de la baie d'Hudson, conformément aux lois et coutumes en usage parmi les *settlers*. Les routes faisant défaut, ils avaient dû, pour assurer leurs communications et l'écoulement des produits, s'établir sur le cours des rivières. Ils avaient défriché et ensemencé le sol, construit leurs demeures, mis en valeur des terres incultes. De quel droit le gouvernement canadien venait-il leur en disputer la jouissance ? Il leur avait assigné, il est vrai, d'autres terres en échange de celles qu'il leur enlevait, mais en vertu de quel droit procédait-il à cette dépossession et à cet échange? De droit, il n'en avait aucun. Ses mesures arbitraires ruinaient les demi-blancs, et cela, pourquoi ? Pour livrer aux gros spéculateurs qui entreprenaient la construction du chemin de fer destiné à relier Halifax, sur l'Atlantique, aux rives du Pacifique, les terres cultivées par les demi-blancs.

Riel concluait en réclamant un sursis pour préparer sa défense. Il demandait, en outre, la comparution devant la cour, à titre de témoins à décharge, de Gabriel Dumont et Dumas, qui avaient réussi à gagner les États-Unis, et de Burges et Van Cougnet, secrétaires d'État du ministère de l'intérieur et des affaires indiennes, dépositaires, en leur qualité officielle, des documents, pétitions et réclamations soumis par les demi-blancs à l'examen du gouvernement, dont le silence et les fins de non-recevoir avaient été la cause des événements survenus. Enfin, il réclamait la production, devant la cour, des papiers saisis à son quartier-général, à Batoché, parmi lesquels se trouvaient, disait-il, des pièces établissant que, contrairement aux termes de l'acte d'accusation, il avait cessé d'être sujet anglais pour devenir citoyen américain.

Le ministère public répondait que Riel et ses conseillers légaux avaient eu tout le temps nécessaire pour préparer sa défense; que, prenant en considération l'impossibilité pour Riel de faire venir à ses frais les témoins qui lui étaient nécessaires, le gouvernement prendrait ces frais à sa charge, mais qu'il n'était pas au pouvoir du gouvernement de faire comparaître comme témoins Gabriel Dumont et Dumas, eux-mêmes sous le coup d'un mandat d'arrêt, comme coupables de haute trahison, et réfugiés aux États-Unis, en dehors de la juridiction de la cour, ou de leur offrir un sauf-conduit. Il consentit toutefois à un délai d'une semaine, que la cour octroya, après avoir entendu lecture d'une lettre de Gabriel Dumont, offrant de venir joindre son témoignage à celui de Riel et de se rendre à Regina avec, ou même sans sauf-conduit.

A l'insu de Riel et sans l'avoir consulté, ses conseillers légaux lui préparaient une seconde ligne de défense. Ils entendaient tirer parti de son exaltation religieuse et de son mysticisme bien connu pour plaider, au cas où ils seraient battus sur la question politique, l'irresponsabilité de leur client. A cet effet, ils avaient obtenu des consultations du docteur Ray, médecin de l'asile de Beaufort à Québec, et du docteur Clarke, médecin de la maison de fous d'Ontario, établissant que, dans leur opinion, Riel ne jouissait pas de la plénitude de ses facultés mentales.

Les débats s'ouvrirent le 30 juillet. Le ministère public fit comparaître huit témoins à charge qui établirent non seulement la participation de Riel au mouvement insurrectionnel, mais encore le fait qu'il l'avait commandé, dirigé et soutenu jusqu'au bout. Il produisit une vingtaine de pièces saisies à Batoché, écrites et signées de la main de Riel, adressées aux demi-blancs et aux Indiens, proclamations et lettres par lesquelles il leur annonçait ses succès à Duck Lake et Fish Creek, les encourageait à attaquer les forts, à capturer les convois et à se joindre à lui pour résister aux troupes du gouvernement. Il établissait, par les mêmes documents, que, si Gabriel Dumont avait eu la direction des opérations militaires, Riel était, de fait, le chef suprême de l'insurrection, que c'était lui qui avait choisi Batoché pour son quartier-général et mis la place en état de défense. Laissant de côté les allégations de Riel qu'il n'avait pris les armes que pour résister à la force par la force et obtenir justice pour les demi-blancs, il prétendait établir que les motifs de Riel étaient tout autres, que ses assertions n'étaient qu'un prétexte, qu'en réalité il avait voulu se venger de son échec de 1869 et de son exil. Enfin, il produisait un document signé de Riel, sorte de programme politique, rédigé en vue d'une séparation du Canada de l'Angleterre, et qui consistait à distribuer un septième du territoire aux Irlandais émigrés aux États-Unis et à donner gratuitement des terres aux Hongrois, Bavarois, Juifs et Polonais persécutés en Europe. Ce programme bizarre se terminait par des considérations mystiques relatives à l'établissement d'une religion nouvelle.

De ces témoignages et de ces pièces résultait bien, ce qui n'était douteux pour personne, le rôle considérable de Riel dans l'insurrection, mais ils laissaient subsister, d'une part, les revendications de Riel contre les injustices dont se plaignaient ses compatriotes et, de l'autre, ils offraient à ses défenseurs l'occasion de plaider l'irresponsabilité de leur client.

Aux premiers mots qu'ils prononcèrent dans ce sens, Riel protesta. Il n'admettait pas un instant qu'on cherchât à le faire passer pour fou. De leur côté, ses avocats déclarèrent que, si Riel entendait conduire lui-même sa défense et gêner leur liberté d'action, ils seraient obligés de se retirer. La cour décida que Riel eût à s'abstenir pour le moment; il lui serait loisible, suivant l'usage, de prendre la parole après les plaidoiries.

On vit alors successivement comparaître devant la cour Philippe Garneau, secrétaire particulier de Riel, le père André et le père Fourmand, de Batoché, les docteurs Ray et Clarke. Garneau témoigna des excentricités de Riel et de son attitude singulière pendant l'insurrection. « Riel, dit-il, se croyait inspiré et prophétisait. Riel avait fait part de ses projets de conquérir le Canada, l'Angleterre, la France et l'Italie; il rêvait même de devenir pape. Les pères André et

Fourmand déposèrent dans le même sens : suivant eux Riel était fou. Quand il abordait les questions politiques ou religieuses, il n'était plus maître de lui; doux et calme d'ordinaire, il devenait alors impérieux et violent, divaguait, menaçait de détruire les églises et de chasser les prêtres. Le docteur Ray affirma, sous serment, qu'il avait donné des soins à Riel alors qu'il était interné dans l'asile de Beaufort et qu'à cette époque il le tenait pour fou. Le docteur Clarke, commis à l'examen de Riel, concluait dans le même sens. Au contraire, le docteur Wallace, médecin de l'asile d'Hamilton, déclara que, d'après le résultat de ses observations, il tenait Riel pour sain d'esprit et responsable de ses actes. L'accusé se leva et le remercia de ce témoignage. Le lendemain, le général Middleton et ses principaux officiers furent appelés à comparaître devant la cour. Tous déposèrent que les actes de Riel, les dispositions d'attaque et de défense prises par lui, sa bravoure et son sang-froid pendant la lutte, son attitude comme prisonnier dénotaient un homme en pleine possession de ses facultés. Riel leur en témoigna publiquement sa reconnaissance.

Les plaidoiries de ses avocats furent brèves. Ils soutinrent la thèse suivante : « Quand Riel se mit à la tête du mouvement, il entendait s'en tenir à une agitation pacifique. L'indifférence dédaigneuse avec laquelle les autorités accueillirent ses justes réclamations exaspérèrent un esprit malade, convaincu que Dieu l'avait désigné pour défendre les droits de ses frères opprimés. Acculé à la nécessité de s'incliner devant la force brutale et de laisser consommer la ruine des siens, Riel avait perdu la tête, la folie s'était emparée de lui. » Ils insistaient, pour établir leur thèse, sur le contraste qu'offraient les documents rédigés par Riel, alors qu'il plaidait la cause des demi-blancs, avec les divagations, les excentricités, les prophéties mystiques qui abondaient dans ses proclamations, la lutte une fois engagée. Ils concluaient en disant que l'accusation de haute trahison portée contre Riel n'était pas soutenable ; le crime de haute trahison comportant de la part de son auteur la pleine possession de ses facultés mentales et l'absolue responsabilité de ses actes.

Les plaidoiries terminées, Riel demanda et obtint la parole. Une foule immense occupait la salle d'audience et les abords de la cour. Riel parla pendant deux heures au milieu d'un silence profond et sympathique. Levant les yeux au ciel, il débuta par la prière suivante : « Seigneur, viens à mon aide, au nom de Jésus-Christ, mon sauveur ! Seigneur, fais reposer tes bénédictions sur moi, sur cette cour, sur les jurés, sur mes avocats qui n'ont pas hésité à faire 700 lieues pour venir ici défendre ma vie. Bénis aussi ceux qui me poursuivent; ils font ce qu'ils croient leur devoir et ils le font avec bonne foi ! Seigneur, bénis tous ceux qui sont ici présents comme spectateurs et fais que leur curiosité se change en un amour sincère de la vérité ! *Amen.* »

Abordant ensuite sa défense, il commença par établir, en son style imagé, qu'il se reconnaissait deux mères : celle qui l'avait porté et nourri, et sa patrie. Pas plus la seconde que la première ne souhaitait sa mort. La postérité le jugerait et l'acquitterait. Déjà ne voyait-il pas sa mission produire des fruits ? Cette mission, pouvait-il en douter, alors qu'elle lui avait été annoncée autrefois par l'archevêque Bourget et autres dignitaires de l'église ? Depuis dix ans, il s'y était voué et elle s'achevait dans cette enceinte. Dieu ne l'avait-il pas protégé de tout danger, alors qu'à Batoché les balles bourdonnaient à ses oreilles comme des nuées de moustiques ? Le général Middleton avait déclaré qu'il ne le croyait pas fou. Le ministère public avait, par ses témoins, mis à néant les déclarations des médecins qui concluaient à sa folie. Il priait Dieu de les bénir tous deux. Si les jurés le condamnaient à mort, il aurait du moins la satisfaction de savoir qu'on ne le tenait pas pour un fou. Suivant lui, il n'avait fait qu'user de son droit en provoquant une agitation pacifique ; le gouvernement seul l'avait fait dégénérer en guerre civile ; au gouvernement incombait la responsabilité du sang versé. Injustement traités, ses frères et lui avaient respectueusement réclamé leurs droits ; injustement attaqués, ils s'étaient défendus. Dieu était avec eux : « S'il y a quelqu'un de fou, dit-il en terminant avec véhémence, ce n'est pas moi, mais ceux qui dirigent les affaires publiques. A nos demandes légitimes ils ont opposé la ruse et les embûches. Ils nous ont cernés sans bruit et ont voulu nons écraser sur les rives du Saskatchewan. Mais quand ils ont montré les dents, j'étais prêt. J'ai commandé le feu et les ai fait reculer. Rappelez-vous que c'est là ce qu'ils appellent mon crime et ma trahison. Ils m'y ont forcé. J'ai agi au nom de Jésus-Christ, en qui seul je me confie. Maintenant, ils demandent ma mort. Si vous me croyez fou, irresponsable, acquittez-moi pour avoir repoussé en fou l'agression d'autres fous. Si vous croyez avec le ministère public que je suis sain d'esprit, acquittez-moi encore, puisque, sain d'esprit, sachant ce que je faisais, j'ai tenu tête à un gouvernement qui avait perdu le sens et qui seul ici est coupable de trahison. »

Ceci dit, il se rassit. Conformément à la loi anglaise, le juge résuma les débats et termina son adresse aux jurés en leur déclarant que leur devoir était de condamner l'accusé s'ils n'estimaient pas qu'il fût atteint de folie et irresponsable de ses actes pendant leur exécution.

A deux heures et quart, le jury entra dans la

13.

salle de ses délibérations, et Riel se mit en prières.
Une heure après, le chef du jury fit prévenir les
juges qu'ils étaient d'accord sur le verdict. La
cour reprit séance et les jurés furent introduits.
Leur président, en proie à une émotion profonde,
que trahissait sa voix entrecoupée par les larmes,
déclara Riel coupable du crime de haute trahison, ajoutant que ses collègues et lui étaient unanimement d'avis de recommander l'accusé à la
clémence du gouvernement.

Le président de la cour se couvrit et prononça
la sentence. Riel était condamné à être pendu. La
recommandation du jury serait transmise aux
autorités compétentes.

L'émotion fut vive dans tout le Canada quand
on apprit la condamnation de Riel. Dans le nord-
ouest et dans le Bas-Canada. la nouvelle provoqua un mouvement de colère et d'indignation.
L'élément canadien français y dominait, et les
sympathies pour Riel étaient profondes. Les uns
voyaient en lui un héros dont la mort ferait un
martyr; les autres le tenaient pour un exalté
ayant agi sous l'empire d'une idée fixe, obsédé de
rêves et de visions, mais convaincu de bonne foi
qu'il avait pour mission de faire rendre justice à
ses frères persécutés, et blâmant hautement l'inertie et le mauvais vouloir du gouvernement à examiner des réclamations équitables. Ni les uns ni
les autres ne croyaient d'ailleurs à l'exécution de

Riel. La recommandation du jury semblait devoir entraîner une commutation de peine. Un vaste pétitionnement s'organisait, la presse franco-canadienne en prenait l'initiative et prodiguait au ministère les menaces et les protestations. A Montréal, à Québec, les manifestations se multipliaient en faveur de Riel.

Dans le Haut-Canada, au contraire, l'opinion publique se déchaînait contre lui. Les orangistes rappelaient avec indignation la part prise par Riel à l'insurrection de Red-River en 1869 et l'exécution de William Scott, l'un des leurs. Si, à cette époque, disaient-ils, le gouvernement avait agi avec plus de fermeté, l'insurrection de 1885 n'eût pas éclaté. Par faiblesse, par excès d'indulgence, on s'était borné à exiler Riel pour cinq ans, et il venait, par une prise d'armes nouvelle, tenter d'assouvir ses rancunes et ses colères. Non content de soulever les demi-blancs au nom de griefs imaginaires, il avait poussé les Indiens au meurtre, au pillage, à l'incendie, sacrifiant des centaines de vies à son orgueil et à son ambition. Riel était reconnu coupable, Riel était condamné, le gouvernement devait faire exécuter la sentence.

Entre ces deux courants passionnés, le ministère hésitait. Son indécision se trahissait par des ajournements successifs qui relevaient la confiance des partisans de Riel, mais le 15 novembre

l'ordre d'exécution expédié d'Ottawa arrivait à
Regina. Riel en reçut avis par le shérif Chapleau.
Le père André, qui l'assista dans ses derniers
moments, passa la nuit en prières avec lui. A cinq
heures du matin, le 16, il entendit la messe et
communia. A huit heures, il montait sur l'écha-
faud, d'un pas ferme et résolu. Il s'agenouilla,
écoutant les prières des agonisants. Les prières
terminées, un grand silence se fit; Riel, les yeux
levés au ciel, semblait en extase. Un mouvement
du shérif qui lui touchait légèrement l'épaule le
ramena à lui; comme un homme qui s'éveille en
sursaut, il contempla d'un œil étonné ceux qui
l'entouraient, l'exécuteur, ses aides, la plate-
forme, puis sourit et vint tendre sa tête au nœud
coulant. « Du courage, Riel! lui dit le père André.
— J'en ai, mon père, je crois en Dieu. — Jusqu'au
bout? — Jusqu'au bout. Jésus, ayez pitié de moi. »
Le shérif s'avançant alors, lui dit : « Louis Riel,
avez-vous quelque raison à faire valoir contre
la sentence de la cour? — — Non! » répondit-
il, en regardant le père André, qui l'avait exhorté
à garder le silence. Puis il récita à haute voix
l'oraison dominicale. Au moment où il prononçait ces mots: « Délivrez-nous du mal », la trappe
bascula sous ses pieds. Riel disparut dans l'ouverture béante. La corde frémit, le corps du sup-
plicié se crispa, les genoux repliés sous lui, puis
les jambes se détendirent et le cadavre raidi

oscilla lentement. Une heure plus tard on le détacha. Par ordre du gouvernement, la corde et ses vêtements furent brûlés pour empêcher qu'on n'en fît des reliques. Riel avait quarante et un ans.

A quelque point de vue que l'on se place pour juger l'homme, on ne saurait se défendre d'une émotion douloureuse devant une fin aussi tragique. On se prend à douter de la justice de l'arrêt et l'on se demande si la loi a frappé un criminel ou un fou.

Puis, un côté de la question nous paraît être resté dans l'ombre, c'est le refus constant de Riel, avant comme pendant tout le cours de l'insurrection, de faire appel aux fenians, de prêter les mains à l'invasion du Canada par les bandes de flibustiers prêts à franchir la frontière des États-Unis et à créer en sa faveur une puissante diversion. Vaincu, Riel s'est réclamé, il est vrai, de sa prétendue naturalisation américaine, mais ce faisant n'a-t-il pas obéi à des suggestions étrangères ? Ne pouvait-il pas aussi, comme Dumont, gagner le Montana et se mettre à l'abri ? Il s'y est refusé, par sollicitude pour les siens, mais vraisemblablement aussi parce qu'il était convaincu de la justice de sa cause, parce qu'il se considérait comme le représentant et le défenseur des droits de ses frères, parce que son imagination exaltée le faisait croire à sa mission et à la protection divine. Si Riel n'était pas complètement fou, Riel n'était pas non plus complètement responsable, et la justice comme l'histoire lui devaient les bénéfices du doute. Pour beaucoup de ses compatriotes, sa mort l'a sacré héros et martyr ; elle lui crée une légende, et ces légendes sont dangereuses.

En octobre 1859, John Brown, originaire du Kansas, partisan fanatique de l'émancipation des esclaves, s'emparait soudainement, à la tête d'une poignée d'hommes, d'une fabrique d'armes des États-Unis, à Harper's Ferry, et appelait les nègres à la révolte. Cette singulière levée d'armes, en pleine paix, avec d'aussi faibles moyens d'action, fut promptement écrasée. La plupart des insurgés se firent tuer. John Brown, blessé, fut fait prisonnier, jugé et exécuté. Tout était étrange dans cette insurrection : elle ne s'expliquait que par le fanatisme et la démence. Les réponses de John Brown, les papiers saisis sur lui dénotaient une imagination exaltée par la haine de l'esclavage. La folie était héréditaire dans sa famille. Sa tante, ses cousins étaient aliénés. Ses avocats plaidèrent l'insanité, mais, comme Riel, il revendiqua avec énergie la responsabilité de ses actes. Il ne voulut pas défendre sa vie et mourut en prophétisant que sous peu la cause qu'il représentait triompherait, et qu'une guerre formidable ferait ce qu'il n'avait pu faire. Moins de deux ans après, le 13 avril 1861, les batteries confédérées ouvraient leur feu sur le fort Sumter; le 15, une proclamation du président Lincoln appelait le Nord à la défense de l'Union en péril, et 75,000 hommes se mettaient en marche, entonnant un chant de guerre qui devait devenir un hymne national, et qui débutait ainsi: « Le corps de John Brown repose dans son cercueil, mais son âme est avec nous et guide nos pas. » Le criminel ou le fou de 1859 était devenu le héros, le martyr de 1861, et, sur cent champs de bataille, un peuple en armes acclamait son nom.

# UN HOMME D'ÉTAT AMÉRICAIN

JAMES G. BLAINE

ET LE CONGRÈS DES TROIS AMÉRIQUES

EN 1889

Peu connu, il y a quelques années, en Europe, où son nom n'éveillait que le souvenir confus d'un politique habile autant que remuant, déjà célèbre aux États-Unis, où le parti républicain dépossédé, en 1884, du pouvoir qu'il détenait depuis vingt-quatre années l'estimait seul capable de relever sa fortune et de tenir tête à Cleveland, M. James G. Blaine, secrétaire d'État de la république américaine, est aujourd'hui l'homme le plus en vue du Nouveau-Monde. Il est aussi l'un de ceux dont les conceptions audacieuses, à bon droit, inquiètent l'Europe. Le Bismarck américain, — ainsi l'appellent ses partisans, — reparaît sur la scène politique, et, du premier coup, ses hautes visées révèlent un homme d'État qui aspire, lui aussi, à faire grand.

Rien ne le faisait prévoir. Son court passage aux affaires avait laissé l'impression d'une personnalité autoritaire et absolue, hantée d'un rêve chimérique et vague. Son passé, son *political record*, selon la phraséologie américaine, était celui de nombre d'autres, moins favorisés de la fortune. Sur un point, toutefois, on le tenait pour supérieur. Nul ne l'égalait comme tacticien parlementaire et comme chef de parti; nul mieux que lui n'excellait dans l'art de manier la presse, de recruter, discipliner et diriger les *politicians*.

La libre Amérique a créé la profession et le mot. Le *politician*, c'est-à-dire l'homme qui vit de la politique, en attend le pain quotidien, en espère une lucrative sinécure : orateur de village ou de ville, membre de comités locaux, agent électoral dont le concours s'achète et se paie; habile à faire valoir ses services, et en rendant, actif, bruyant et remuant pendant la lutte; après, solliciteur acharné. Par nuées, au lendemain de la victoire du parti qu'ils servent, ils s'abattent sur Washington, ayant pour tout bagage un sac de nuit à la main, d'où leur nom de *carpet-baggers;* ils envahissent les hôtels, assiègent les abords de la Maison-Blanche et du Capitole, relançant sénateurs et représentants, âpres à la curée. Vingt fois

éconduits, ils reviennent à la charge, infatigables,
ne lâchant pied qu'après avoir épuisé leurs dernières ressources ou obtenu, sinon la place qu'ils
convoitent, à tout le moins un emploi quelconque.
Monde interlope et louche, qui se recrute dans
toutes les couches sociales ; monde de déclassés
avec lequel il faut compter et qu'il faut ménager,
prêt à toutes les besognes rétribuées, ainsi qu'à
toutes les trahisons ; instruments indispensables et
malpropres que l'homme politique doit apprendre
de bonne heure à manier sans dégoût, à payer
sans vergogne, à caser aux frais de l'État, et au
dégradant contact duquel, si haut placé fût-il, il
ne saurait se soustraire.

De là ce discrédit jeté sur la vie publique, cette
insurmontable répugnance qu'inspirent à nombre
de ceux que leurs aptitudes naturelles appelle-
raient à y jouer un rôle, ces intrigues politiques
dont on retrouve dans un roman curieux, qui eut
son heure de célébrité, *Democracy*, le tableau
fidèle et vivant. Silas P. Ratcliffe, le sénateur de
l'Illinois, secrétaire d'État, y est le type achevé de
ces ambitieux parvenus au pouvoir, gardant jusque
dans leur haute position la tare ineffaçable de
leur douteuse origine et de leurs agissements
suspects. Qu'il y ait des exceptions, que des
hommes comme Daniel Webster, Everett, Marcy,
Seward, Washburn et nombre d'autres aient su
conserver un nom intact et respecté, ce n'est pas

douteux ; que pour eux, comme pour M. James Blaine, leur supériorité les ait désignés aux suffrages de leurs concitoyens, nul n'y saurait contredire ; mais à eux, comme à lui, force a été de tenir compte de cet élément indispensable du succès. Chaque année, cette lèpre démocratique s'étend et s'accroît, gangrenant sourdement les libres institutions dont l'Amérique est fière. Devant le danger grandissant, les yeux se sont ouverts ; devant l'invasion des fonctions publiques par les *politicians*, devant cette curée des places qui, tous les quatre ans, bouleverse de fond en comble l'administration, on s'est ému ; et chacun de suggérer un remède, de proposer des mesures, de demander la suppression de la maxime odieuse proclamée en 1829 par la démocratie triomphante : les dépouilles aux vainqueurs, *spoils to the victors*. Remède efficace, dont le parti vaincu réclame invariablement l'application et dont le parti au pouvoir ajourne, non moins invariablement, l'exécution au lendemain de sa défaite. L'excès du mal triomphera-t-il enfin de ces hésitations intéressées ? On en peut douter encore. En présence des périls qu'il fait courir à la grande république, on ne saurait que déplorer de voir les mœurs politiques favoriser le recrutement d'une armée de parasites montant la garde aux avenues du pouvoir, n'en ouvrant les portes qu'à ceux résignés à payer grassement son concours.

I

James G. Blaine naquit, en 1830, dans le comté
de Washington, État de Pensylvanie. Élevé au
collège local, il y brilla d'un certain éclat, en
sortit avec honneur, émigra dans le Maine et débuta dans le journalisme comme collaborateur du
*Kennedec Journal*, puis du *Portland Advertiser*. La
politique l'attirait, et, dès 1862, il entrait à la
Chambre des représentants. Réélu six fois de
suite, il y siégea jusqu'en 1867. Au début de la
guerre de sécession, il prit nettement position
dans les rangs du parti républicain, qui l'en ré-
compensa en le nommant, en 1869, président du
congrès. Élu sénateur du Maine en 1877, il inter-
vint activement dans la lutte présidentielle de
1880 et contribua efficacement à l'élection de
James A. Garfield, vigoureusement combattu par
Winfield S. Hancock, candidat du parti démocratique, qui ne fut battu que par une majorité
de 7,000 voix sur un total de 9 millions. Habilement travaillé par Blaine, l'État du Maine, dont
le vote semblait douteux, se déclara pour Garfield,
par une majorité de 8,868 voix, et décida du succès.
Dans cette campagne difficile, M. Blaine se révéla
comme un tacticien consommé, et le nouveau

président, reconnaissant de ses services, l'appela au pouvoir le 5 mars 1881, en qualité de secrétaire d'État. Il touchait au but de son ambition, mais, en septembre de la même année, James A. Garfield mourait assassiné par un solliciteur désappointé. Le vice-président Arthur lui succédait, et F.-T. Frelinghuysen remplaçait Blaine, dont les fonctions avaient duré dix mois à peine.

En 1884, le parti démocratique, battu à une faible majorité en 1880, rentrait en lice et portait comme candidat à la présidence Grover Cleveland. De son côté, le parti républicain faisait choix de M. Blaine pour le représenter. Contre son gré l'union s'était faite sur son nom. Les circonstances n'étaient pas favorables; fidèle à la discipline, il n'en accepta pas moins le poste de combat que son parti lui assignait, et il mena la campagne avec son incomparable habileté, ainsi que l'attesta le résultat du scrutin. Grover Cleveland fut élu, mais par 4,911,017 voix seulement représentant 219 votes d'États; James G. Blaine en avait 4,848,334, soit 182 votes d'États, et le Maine, fidèle à sa fortune, lui donnait une majorité de 20,000. S'il avait échoué, c'était de peu; l'honneur était sauf, et le parti républicain pouvait espérer reconquérir, en 1888, le pouvoir qui lui échappait après vingt-quatre années de possession.

M. Blaine s'y employa de son mieux, et l'administration de Cleveland n'eut pas d'adversaire plus infatigable. Autant il s'était montré redoutable sur le terrain électoral, autant il se révéla délié, plein de ressources sur le terrain politique. Cette campagne de quatre années, menée avec une rare habileté, est un chef-d'œuvre de tactique parlementaire, de combinaisons savantes. Nul mieux que lui ne connut l'art d'éviter les engagements douteux, de souligner les fautes de ses adversaires, de manier la presse et l'opposition, de les faire donner avec ensemble et peser simultanément sur l'opinion publique ; mais où il se montra encore supérieur à lui-même, ce fut pendant la dernière élection présidentielle de 1888. S'il avait porté au parti démocratique plus d'un coup dangereux, il n'avait pu ébranler chez les masses leur confiance dans les bonnes intentions et la sagesse du président sortant. Grover Cleveland était populaire, et sa popularité rejaillissait sur son parti, qui, unanimement, le présentait de nouveau aux suffrages des électeurs. La grâce et la beauté de mistress Cleveland rehaussaient encore le prestige de son époux. Cette jeune et charmante femme, par tous respectée et de la part de tous l'objet d'un culte chevaleresque, donnait, par la distinction de ses manières, par son élégance et sa courtoise affabilité, un éclat inusité aux réceptions de la Maison-Blanche. C'était de part et d'autre un mariage d'inclination, et les Américains étaient fiers de montrer aux étrangers,

dans leur cour républicaine, un couple étroite-
ment uni, et, aux côtés d'un chef d'État honoré,
*the first lady of the land*, dont, partout ailleurs, la
présence eût provoqué un murmure d'admiration.

La campagne présidentielle s'annonçait favorable pour Cleveland. Un premier incident faillit
la compromettre ; mais, s'il était de nature à lui
aliéner les voix des capitalistes et des grands
manufacturiers, en revanche, il lui assurait celles
des classes moyennes et des ouvriers. Dans son
message du 6 décembre 1887 au congrès, le président signalait à l'attention des représentants du
peuple la situation du trésor, les excédents de
recettes chaque année grossissants, l'affluence de
l'or dans les caisses publiques. Pour parer à ce
danger, il n'y avait, disait-il, que deux moyens :
accroître les dépenses en entreprenant de grands
travaux publics, ou réduire les recettes en dégre-
vant les contribuables, et résolument il recommandait cette dernière solution comme la plus
conforme aux traditions démocratiques, dédaigneux de l'influence que lui eussent donnée, à lui
président rééligible, des centaines de millions à
dépenser, des places à distribuer, des sinécures à
créer. En honnête homme qu'il était, il mettait
ses compatriotes en garde contre ces moyens d'action laissés aux mains du pouvoir exécutif, et
concluait en proposant un abaissement des tarifs
douaniers. A cela, capitalistes et fabricants se

refusaient. Ces droits protecteurs les enrichissaient, et le parti républicain en préconisait le maintien, ralliant à lui ceux qu'inquiétaient les tendances libérales de Grover Cleveland. Mais ce n'était là qu'un déplacement de voix, en somme plutôt favorable aux démocrates.

L'opposition menait grand bruit autour de ce message, encore que Blaine, qui lui donnait le mot d'ordre, n'attendît pas grand résultat de ces attaques. Tout au plus étaient-elles utiles à entretenir l'agitation, à masquer le désarroi qui régnait dans les rangs des républicains et l'évolution que préparait leur chef. Aussi, grande fut l'émotion de son parti et la surprise des démocrates quand on apprit que James Blaine déclinait la candidature à la présidence et refusait de se laisser porter contre Cleveland. Et cependant, sa lutte avec Cleveland en 1884, lutte dans laquelle il n'avait succombé qu'avec un faible écart de voix, son autorité incontestée, son prestige, faisaient de lui le candidat désigné, le seul homme capable, semblait-il, de conduire les républicains à l'assaut. Aux offres faites il répondait par un refus ; aux sollicitations, aux reproches des siens, il se dérobait en partant pour l'Europe.

Cette attitude inexplicable qui déconcertait son parti, ce départ inattendu qui ressemblait à une défection devant l'ennemi, était, de sa part, le résultat d'un plan longuement mûri. M. J. Blaine

estimait possible, probable même le succès des républicains ; mais, en ce qui le concernait, il ne
croyait pas au succès de sa propre candidature. Il
connaissait trop l'ombrageuse susceptibilité de la
démocratie américaine, et, dans son camp même,
les intrigues de rivaux impatients de sa popularité, désireux de secouer un joug que sa nature
autoritaire leur faisait lourdement sentir. Il savait
qu'à l'exception de Washington, Andrew Jackson,
Grant, que leurs services militaires signalaient à
l'attention publique, presque aucun des présidents
qui s'étaient succédé à la Maison-Blanche n'avait été
choisi parmi les hommes d'État éminents de la république, parmi les chefs reconnus des partis qui se
disputaient la prépondérance. L'un des plus grands,
Daniel Webster; l'un des plus habiles, S. A. Douglas, y avaient échoué. Henry Clay, Calhoun, Everett, Marcy, Seward, s'étaient contentés du second
rang, et ce second rang, celui de secrétaire d'État,
tentait son ambition. S'il se dérobait pour la présidence, il se réservait pour le pouvoir, plus soucieux d'agir que de paraître. Il estimait qu'un
homme nouveau, moins que lui prêterait le flanc
aux attaques, mieux que lui agréerait aux électeurs; qu'il avait joué depuis quatre ans un rôle
trop considérable, éveillé trop de haines, pour
rallier la majorité de suffrages qui, soupçonneux
et méfiants, se porteraient plus volontiers sur un
homme moins en vue.

C'est à découvrir cet homme nouveau, réunissant
les conditions requises, redevable à son apparente
abnégation du rang suprême, prêt à le reconnaître
en l'appelant au poste qu'il ambitionnait, que tendaient tous ses efforts. Les délégués républicains
convoqués à Chicago pour rédiger leur programme
électoral, la *platform* du parti, et désigner les candidats à la présidence et à la vice-présidence, devaient se réunir en juillet 1888. Blaine était
l'homme de leur choix. Son refus, son départ subit,
laissaient le champ libre à des compétitions personnelles, à des scissions dangereuses. A défaut
de Blaine, qu'un bon nombre de délégués s'obsti-
naient à nommer, espérant triompher ainsi de sa
résistance, on mettait en avant les noms de Sherman, d'Alger, d'Allison, de Gresham, de Mac-
Kinley, d'Harrison ; on flottait au hasard, attendant
un incident, une rétractation possible, un mot
d'ordre qui ne venait pas. De l'Italie, où il voya-
geait, disait-il, pour son plaisir et pour son repos,
Blaine suivait avec attention les évolutions de l'opinion, résolu à intervenir au moment décisif, mais
hésitant encore à se prononcer.

Après lui, Sherman était l'homme le plus considérable du parti. Ses grands services militaires
pendant la guerre de sécession étaient encore vi-
vants dans toutes les mémoires. Ses vétérans rappelaient avec orgueil comment, après la victoire
d'Atlanta, coupé de sa base d'opérations, acculé

aux résolutions suprêmes, il n'avait pas hésité à se jeter dans la trouée ouverte par lui au travers des États confédérés, et qui derrière lui se refermait. Disparaissant, comme englouti, dans le remous sanglant de vingt combats, tenu pour perdu, lui et l'armée de l'ouest, on l'avait vu, un mois plus tard, reparaître victorieux sous les murs de Savannah, prendre à revers la dernière armée du sud et la contraindre à mettre bas les armes. Un tel homme était digne de représenter un grand parti, et l'éclat de son nom pouvait déterminer chez les masses un mouvement décisif en faveur des républicains.

Mais un tel homme ne saurait être un instrument maniable même entre les mains d'un politique habile, et les grands projets caressés par M. Blaine s'accommodaient mal d'une présidence militaire. Gresham, populaire dans le parti, avait contre lui l'implacable hostilité de Jay Gould, le grand capitaliste, et de ses adhérents, bien décidés à faire échouer sa candidature, dût-il leur en coûter des millions. Et ce n'était pas une vaine menace ; d'entrée de jeu ils en souscrivaient cinq pour ouvrir la campagne contre lui (1). Allison et Mac Kinley avaient peu de chances, Alger lui agréait peu ; Harrison apparaissait comme l'homme providentiel.

(1) Voyez le *New-York Herald* du 25 juin 1888.

Né à North-Bend, dans l'État de l'Ohio, le 20 août 1833, il avait alors cinquante-cinq ans. Colonel des volontaires de l'Indiana, puis brigadier-général pendant la guerre de sécession, petit-fils de William Henry Harrison, neuvième président des États-Unis, il traçait haut sa généalogie qui le faisait descendre d'une vieille famille anglaise inféodée au parti de Cromwell, émigrée en Virginie, et dont l'un des représentants, Benjamin Harrison, père de celui qui fut président, avait signé la déclaration d'indépendance. Son nom était illustre, associé aux grands événements de la république. L'homme le portait dignement, froid d'allures, taciturne et concentré, de vie irréprochable, presbytérien sincère. A travers plusieurs générations les traits caractériques de l'ancêtre, soldat du protecteur, persistaient : les convictions arrêtées et les idées étroites, la raideur du puritain, l'obstination du sectaire qui tient plus compte, en politique, des principes que des faits. Il représentait son parti en ce que ce parti avait de plus autoritaire et de plus absolu : le maintien, à tout prix, sans concession, du régime commercial et financier auquel les États-Unis étaient redevables du relèvement de leurs finances et de leur prospérité industrielle. En lui s'incarnait nettement la politique protectionniste opposée à celle de l'abaissement des droits que préconisait le parti démocratique ; sur lui s'émoussaient les attaques que les démocrates dirigeaient contre l'alliance des républicains et des grands capitalistes, dont ils signalaient aux masses ouvrières l'influence croissante, dénonçant leur dangereuse intrusion dans la lutte électorale.

On ne la pouvait nier, et elle devait être décisive. Outre Jay Gould et son groupe, les plus puissants financiers des États-Unis se ralliaient au parti républicain, lui apportant l'appui de leurs millions. Ils avaient foi en Blaine, connaissaient et approuvaient ses plans et le tenaient pour le représentant et le défenseur de leurs intérêts. Leurs opinions étaient les convictions de Benjamin Harrison, que son honorabilité bien connue, sa vie de famille simple et modeste à Indianopolis, capitale de l'Indiana, entre M⁽ˢ⁾ Harrison, M⁽ˡˡᵉ⁾ Mac Kee, sa fille, et sa belle-fille M⁽ʳˢ⁾ Russel Harrison, mettaient à l'abri des commentaires fâcheux et des insinuations malveillantes que provoquait le concours avoué des rois de la finance.

Exactement renseigné par ses affidés sur les fluctations de l'opinion, assuré qu'à la dernière heure ses avis prévaudraient et décideraient du choix de la convention, James G. Blaine tardait à se prononcer. Un incident peu connu l'arrêtait. Il craignait, en portant M. Harrison à la présidence, de voir avorter ses combinaisons; il redoutait qu'une rancune féminine ne lui barrât la route du pouvoir.

Cet incident remontait à plusieurs années ; cette rancune datait de 1881. M. Harrison venait alors d'être élu sénateur de l'Indiana en remplacement du juge Mac Donald ; M^rs Harrison faisait son entrée dans le monde officiel de Washington. A l'occasion d'une réception donnée à la Maison-Blanche par M. Garfield, président des États-Unis, M^rs Garfield avait prié M^rs Blaine, dont le mari était secrétaire d'État, de vouloir bien l'aider à faire les honneurs de ses salons. Elle avait cru, sur l'indication du président désireux de se concilier le nouvel élu, devoir étendre la même invitation à M^rs Harrison. A l'heure indiquée, M^rs Harrison se rendit à la Maison-Blanche. On l'introduisit dans un salon particulier où elle se trouva seule avec M^rs Blaine. Embarrassée de son rôle, ignorante des usages et de l'étiquette de Washington, elle pria M^rs Blaine de bien vouloir la mettre au courant, ajoutant, sur un geste de surprise de cette dernière : — Je suis M^rs Harrison ; mon mari vient d'être nommé sénateur de l'Indiana. Vous le connaissez, je crois, tout au moins de nom ?

— Pas que je sache, répliqua dédaigneusement M^rs Blaine, irritée de ce que M^rs Garfield lui adjoignait une femme dont le mari n'était pas membre du cabinet ; il passe ici tant de gens nouveaux qu'on ne saurait se les rappeler tous.

M^rs Harrison n'oublia pas cette impertinence, et,

pendant son séjour à Washington, elle évita tout
rapport avec M^rs Blaine. Si trivial que fût l'incident, il n'en créait pas moins une difficulté éven-
tuelle que des amis communs s'entremirent à
écarter. Est-il vrai, comme on l'affirme, que des
engagements écrits furent alors pris par M. Harrison, vis-à-vis de M. Blaine, ou, ce qui est plus
vraisemblable, étant donnés le caractère et la
situation de ces deux hommes, que M. Blaine s'en
fia à sa haute situation et à la reconnaissance de
M. Harrison, et qu'au lendemain de l'élection en
convention ce dernier ait spontanément écrit à
M. Blaine pour le remercier de son concours, l'engager à revenir diriger la campagne présidentielle
et lui donner à entendre qu'il lui réserverait, en
cas de succès, la place de secrétaire d'État ? Cette
dernière version est la seule qu'admettent les partisans de M. Blaine et que n'aient pas contredite
les amis de M. Harrison.

Quoi qu'il en soit, la convention républicaine se
réunit à Chicago et, dès le début, les voix se répar-
tirent entre MM. Blaine, Sherman, Alger, Gresham. Harrison et Mac-Kinley. Cinq votes succes
sifs laissèrent intacte cette situation en apparence
inextricable et que M. Blaine, revenu en Angleterre pour être plus à portée des événements, et
tenu au courant par les dépêches télégraphiques,
se plaisait à prolonger pour mieux faire sentir le
poids de son influence et montrer que, tout absent

qu'il fût et nonobstant son désistement, son nom
ralliait une phalange compacte d'adhérents résolus. Seuls au courant de ses intentions,
MM. Boutelle et Manley, délégués du Maine, préparaient les voies, attendant le mot décisif. Il vint
sous la forme d'une double dépêche datée d'Edim-
bourg le 25 juin, qui fut lue par eux à la convention au moment où, pour la sixième fois, on allait
procéder au vote. La première confirmait son
refus de se laisser porter ; la seconde était ainsi
conçue : « J'invite instamment mes amis à respecter ma décision et à s'abstenir de voter pour
moi. Prière de communiquer immédiatement ces
dépêches à la convention. » L'évolution s'accom-
plit ; les partisans de Blaine votèrent en masse
pour Harrison, entraînant avec eux la majorité,
et le sixième scrutin donna le résultat suivant :

| | |
|---|---|
| Harrison. . . . . . . . | 544 voix |
| Sherman. . . . . . . . | 118 — |
| Alger. . . . . . . . . | 100 — |
| Gresham. . . . . . . . | 59 — |

Conformément à l'usage, le gouverneur de l'Ohio
président de la délégation, dont le vote pour
Sherman n'avait pas varié, proposa de déclarer
Harrison candidat du parti républicain *à l'unanimité,* ce qui, conformément aussi aux traditions,
fut acclamé par les partisans des candidats vaincus. M. Morton, le banquier cinquante fois mil-

lionnaire de New-York, ancien ministre des États-Unis en France, fut désigné pour la vice-présidence.

Rien ne retenait plus M. Blaine en Europe. Il se hâta de revenir prendre en main la direction de la campagne présidentielle. Une ovation l'attendait à son retour, et ce fut salué par les acclamations enthousiastes des républicains qu'il débarqua à New-York. Ils faisaient fond sur son habileté pour enrayer les progrès du parti démocratique, qui, mettant à profit le retard de ses adversaires à entrer en ligne, n'avait rien négligé pour se concilier les masses ouvrières, effrayées par la cherté croissante de la vie matérielle, d'instinct hostiles aux capitalistes et aux manufacturiers qu'enrichissaient les tarifs prohibitifs auxquels, non sans raison, elles attribuaient leurs souffrances. On ne doutait plus du succès de Cleveland, et, critérium infaillible, semblait-il, les paris étaient à deux contre un en sa faveur. C'est alors que Blaine entrait en lice et se révélait l'adversaire redoutable et le tacticien consommé qu'il sut être jusqu'au vote définitif.

Pendant la période électorale, toutes les armes semblent bonnes, toutes les insinuations permises et, si les chefs s'abstiennent de certaines personnalités par trop odieuses, on n'en saurait dire autant des politiciens sans scrupules qui gravitent autour d'eux. A défaut d'autres arguments, on ne

se faisait pas faute de rééditer contre M. Cleveland
les accusations à l'aide desquelles on avait combattu sa candidature en 1834. On rappelait qu'à
l'époque où il était shérif de l'Erié il avait dû, en
cette qualité, exécuter de ses propres mains deux
malfaiteurs, Gaffney et Morissey, condamnés à
être pendus. On ne s'en tenait pas à ce fait, exact
d'ailleurs; on s'efforçait de le diffamer dans sa
vie privée, de se faire une arme contre lui de
l'universelle sympathie qu'inspirait M<sup>rs</sup> Cleveland. On l'accusait de la maltraiter ; s'autorisant
d'une absence de sa belle-mère, on affirmait qu'in-
dignée de sa conduite brutale, elle avait quitté
Washington pour l'Europe et se refusait à rentrer
à la Maison-Blanche ; vainement elle s'empressait
de revenir pour protester par sa présence et ses
communications aux journaux contre cette inepte
accusation.

Dans de pareilles manœuvres, M. James Blaine
n'avait rien à voir. Il les écartait avec dégoût.
Adversaire politique, il entendait se maintenir sur
le terrain de la politique, porter d'autres coups et
mettre à profit les fautes de ses adversaires. Il
attendait, prêt à saisir une occasion; elle ne tarda
pas à s'offrir. Le 13 septembre 1888, se produisit
un incident, insignifiant en apparence, dont on
s'occupa peu le jour même et le lendemain, perdu
qu'il était dans la poussière de la lutte, mais dont
James Blaine comprit tout le parti que l'on pouvait

tirer : il y vit le moyen de détacher de Cleveland le vote irlandais, nombreux et compact, et de l'amener au camp républicain. L'histoire est en droit de s'étonner de l'importance qu'un tacticien habile sut donner à l'incident Sackville.

Sir Lionel Sackville-West, ministre d'Angleterre à Washington, recevait, le 12 septembre 1888, une lettre d'un électeur de Pomona (Californie), dans laquelle celui-ci lui demandait auquel des deux candidats en présence il devait donner sa voix, par-dessus tout soucieux, ajoutait-il, de voter pour celui dont l'élection serait le mieux de nature à rétablir entre l'Angleterre et les États-Unis les bons rapports compromis par la question des pêcheries. Etait-ce un piège tendu à M. Sackville, ou tout simplement la préoccupation assez naturelle d'un Anglais, naturalisé citoyen américain, désireux de s'éclairer sur un point qui lui tenait à cœur ?

Quoi qu'il en soit, M. Sackville répondit par une lettre *particulière* dans laquelle il exprimait l'opinion, fort sensée d'ailleurs, que les accusations virulentes dirigées par les républicains, aussi bien que par les démocrates, contre l'Angleterre, se ressentaient de la fièvre électorale ; que, de part et d'autre, on se disputait le vote irlandais, mais que, la lutte terminée, cette agitation factice tomberait et que l'on reviendrait à des appréciations plus calmes. Il ajoutait que l'élection de

M. Cleveland, président en exercice, partant plus au courant de la question, lui paraissait mieux de nature à ramener à bref délai, entre les deux pays, une bonne entente désirable, que celle de M. Harrison, tenu de donner, au cas où il serait nommé, satisfaction immédiate à ses adhérents.

Reproduite par toute la presse républicaine, habilement commentée par des polémistes de premier ordre, cette lettre fut bientôt représentée comme une tentative de pression exercée par le ministre d'Angleterre sur les électeurs indépendants de l'Union. Le président Cleveland, pour assurer sa réélection, n'hésitait pas, disait-on, à faire intervenir dans la lutte le représentant officiel d'une puissance avec laquelle les États-Unis étaient, en ce moment même, en conflit. Sur ce thème, qui s'y prêtait, on exécuta des variations sans fin, et, en peu de jours, l'incident Sackville prit des proportions telles que force fut au président et à son cabinet, pour donner satisfaction à l'opinion publique surexcitée, d'en référer à Londres et de demander à lord Salisbury le rappel de son envoyé. Ce rappel tardant trop au gré de l'impatience nationale et des sommations impérieuses du parti républicain, le ministre fut invité à quitter Washington et à se rendre à Londres.

Ces concessions ne désarmèrent pas des adversaires qui, au fond, n'attachaient qu'une fort médiocre importance à une lettre particulière

adressée par sir Lionel Sackville à un électeur
indécis, mais qui en attachaient une très grande à
enlever à M. Cleveland l'appoint du vote irlandais.
« Il est trop tard », déclara M. Blaine, lorsqu'il
apprit que M. Bayard avait envoyé ses passeports
au représentant de l'Angleterre. Il était trop tard,
en effet ; le vote irlandais échappait à Cleveland
et passait au parti républicain.

Cette première trouée faite, les attaques se
succédèrent, répétées, incessantes, propagées par
une presse hostile manœuvrée avec un remarquable savoir-faire. Laissant de côté les personnalités contre le président Cleveland, elle prenait à
partie les membres de son cabinet, signalant l'in-
suffisance de M. Bayard, le secrétaire d'État, dont
elle accusait, avec un singulier à-propos, la politique incertaine et toute d'à-coups de ne déguiser,
sous la violence des formes, qu'impuissance et
faiblesse ; dénonçant l'insouciance de M. Lamar,
secrétaire de l'intérieur, vis-à-vis des accapareurs
de terres publiques ; menant une campagne vigou-
reuse contre M. Garland, l'attorney général, à tort
ou à raison soupçonné de s'enrichir au pouvoir et
de prêter la main à des spéculations douteuses.
Elle ne tenait pas le président pour complice,
mais elle le tenait pour coupable de s'entourer
d'hommes incompétents ou décriés.

La presse démocratique ripostait avec vigueur ;
multipliant ses accusations contre les financiers,

amis de Blaine, adhérents d'Harrison ; contre l'intervention des gros capitaux dans l'élection ; s'efforçant de recruter dans la puissante association des Chevaliers du Travail de nouvelles voix pour combler les vides faits dans ses rangs, y réussissant en partie. Jusqu'au jour du vote le résultat resta indécis. Enfin, le 4 novembre 1888, on procédait au scrutin. Harrison l'emportait sur Cleveland ; le parti démocratique, dépossédé du pouvoir, cédait, une fois de plus, la place à ses adversaires, et, le 5 mars 1889, M. James G. Blaine entrait aux affaires en qualité de secrétaire d'État.

II

Il y apportait une ambition longtemps comprimée, une volonté tenace et sûre d'elle-même, une expérience consommée des hommes et des mobiles qui les font agir, une rare entente de la politique et des rouages parlementaires. Il y apportait aussi son intrépide confiance en lui-même et ses grandes visées d'avenir.

A certains moments de leur existence nationale, les peuples jeunes, vigoureux et prospères, sentent confusément s'agiter en eux l'instinct de leurs hautes destinées. Sur eux, comme sur l'adolescent, passe, ainsi qu'un souffle invisible, « l'orgueil de la vie » ; dans leurs veines circule un sang chaud, généreux et puissant. Ils croient tout possible, n'ayant encore tenté que ce qui était possible ; ils croient leurs forces illimitées, une douloureuse expérience ne leur en ayant pas encore révélé les limites. La grande république en est à ce moment de son histoire. Elle est sortie victorieuse de la double épreuve de la guerre étrangère et de la guerre civile ; elle a conquis sur l'Angleterre son indépendance, sur elle-même son unité nationale. Plutôt que de se résigner à l'existence végétative d'une fédération d'États, elle n'a pas hésité à sacrifier un million d'hommes et des milliards pour cimenter l'Union américaine. Aujourd'hui, en pleine possession d'elle-même, consciente de ses forces, de son nombre et de ses richesses, elle attend l'heure qui doit sonner et l'homme en qui s'incarnera le rêve qui la hante.

Rêve jusqu'ici flottant et indécis ; rêve sans contours arrêtés, sans corps tangible, que James G. Blaine a fait sien, auquel il a insufflé la vie en le précisant et le formulant. Avec une rare habileté il a su lui donner la consécration du temps, le rattacher au passé, l'entourer d'une patriotique auréole. A le poursuivre, à le réaliser, la république ne fait, semble-t-il, que suivre la voie tracée par ses ancêtres, qu'accomplir sa *manifest destiny,* sa mission providentielle, entrevue par

James Monroë et proclamée par lui dans un message célèbre.

« L'Amérique aux Américains », avait-il dit en 1823. Phrase sonore et vague qui vibrait encóre dans toutes les mémoires, mot d'ordre de l'avenir, dont l'écho se répercutait à travers le temps, outrepassant la pensée qui l'avait dicté et qui n'allait pas alors au delà de la reconnaissance d'un fait accompli : l'indépendance des républiques espagnoles. Encouragé par l'Angleterre, poussé par lord Castlereagh qui voyait avec déplaisir la sainte alliance entreprendre de restituer à l'Espagne quelques-unes de ses colonies du Nouveau-Monde pour prix de son concours dans la lutte gigantesque contre l'empereur Napoléon, Monroë protestait contre toute velléité d'intervention de l'Europe sur le continent américain.

« L'Amérique aux Américains », répètent à plus d'un demi-siècle d'intervalle M. Blaine et le parti républicain : c'est-à-dire la fédération des trois Amériques groupées sous l'égide des États-Unis, ralliées autour de l'État le plus populeux, le plus riche et le plus puissant de cette ligue amphictyonique de 150 millions d'habitants détenteurs de 41 millions de kilomètres carrés, du plus fertile des continents : c'est-à-dire ce continent fermé aux produits européens, ouvert aux produits des manufactures de la grande république, monopolisant à son profit un marché chaque année plus important, décuplant, avec son outillage, sa production industrielle, s'enrichissant sans efforts, absorbant l'or et l'argent du Mexique et du Pérou, de la Bolivie et de Costa-Rica, de l'Equateur et du Venezuela, fabriquant pour tous, vendant à tous.

Puis, comme corollaire : l'Angleterre à demi ruinée et l'Europe appauvrie, hors d'état de lutter contre des tarifs exorbitants ; les Etats-Unis occupant, sans conteste, le premier rang parmi les nations commerciales ; New-York devenant le premier port du monde, le marché financier de l'Amérique entière ; le Nouveau-Monde affranchi de l'ancien, attirant à lui par l'appât des salaires élevés, des terres vacantes, des institutions, un irrésistible courant d'émigration ; le cours des siècles anticipé, l'axe du monde déplacé par une évolution brusque et transféré d'un continent dans l'autre.

Depuis longtemps James G. Blaine caressait ce rêve ; à sa réalisation il avait consacré tous ses efforts, voué sa vie politique. Un moment il s'était cru sur le point de réussir, quand, en 1881, Garfield, élu président, l'avait appelé au poste de secrétaire d'État. Il touchait au but. Désireux de ne révéler que peu à peu le plan qu'il avait conçu, d'éviter de donner l'éveil à l'Europe et de soulever d'intempestives controverses, il soumit à la signature du président un projet de congrès de la paix ayant

en vue de prévenir les guerres sur le continent
américain au moyen de l'arbitrage. Ce congrès
pacifique n'était pour alarmer aucun intérêt ; on le
convoqua à se réunir le 15 mai 1882 à Washington.
La mort tragique du président Garfield, en
septembre 1881, mit à néant les espérances de
M. Blaine. Son successeur, M. Frelinghuysen, or-
donna le retrait des invitations déjà lancées, et le
projet fut abandonné.

Si imprévu que fût alors le coup qui le frappait,
James Blaine n'avait pas perdu courage, et si,
depuis, on l'a vu disputer la présidence à Cleveland, battu, y renoncer pour son propre compte et
y pousser M. Harrison, ambitionner le second
rang et ressaisir le pouvoir, c'est qu'à tout prix
il entendait mener à bien son œuvre, réaliser sa
gigantesque conception. L'heure était venue ; le
trésor regorgeait de numéraire, les docks de marchandises, les entrepôts de blé. L'homme apparaissait : ralliés autour de Blaine, dont le succès
devait ajouter des millions à leurs millions, les
plus puissants capitalistes des Etats-Unis l'encourageaient à oser. Depuis dix ans, il mûrissait ses
plans ; il avait quatre années pour agir. C'était
suffisant ; mais, fallût-il davantage, on aviserait,
et de fait on avisait déjà.

Dès le lendemain de la nomination de M. Harrison, le public non initié à ce qui se préparait
vit avec surprise la presse républicaine ouvrir,

avec un remarquable ensemble, une campagne
inattendue, énumérant les pertes énormes que
faisaient subir au pays des élections présiden-
tielles se renouvelant tous les quatre ans. Ces
pertes, on les chiffrait, et les hommes les plus
compétents les évaluaient à *deux milliards et demi.*
C'était, affirmaient-ils, ce qu'avait coûté aux États-
Unis la dernière lutte électorale ; les journaux
démocratiques ne contestaient pas ce total énorme,
les plus autorisés l'acceptaient (1). Les *money
Kings*, les rois de l'argent : MM. Jay Gould et
Chauncey, M. Depew, Ch. M. Smith, président de
la chambre de commerce, et Sydney Dillon,
H. Degraaf et George William ; les banquiers, les
grands propriétaires : Henry Hoguet, William
Sturgess, B. Fairchild, William Myers ; les rois
des chemins de fer : Samuel Sloan, Russell Sage,
tous confirmaient cette assertion, tous demandaient
que les pouvoirs présidentiels fussent prolongés
de quatre à sept années. Les arguments ne manquaient pas pour soutenir cette thèse, à tout
prendre fort soutenable, et qui n'avait contre elle
que de surgir inopinément, au lendemain et non
à la veille d'une lutte chaudement disputée. Si
l'intérêt de parti était trop manifeste, les raisons
alléguées étaient trop sérieuses pour qu'on les
écartât sans discussion.

On ne pouvait nier, en effet, les conditions insta-

(1) Voyez le *New-York Herald* du 14 novembre 1888.

bles d'un pouvoir exécutif limité, nominalement,
à quatre années d'exercice, en réalité réduit à
deux : la première étant employée à répartir entre
les vainqueurs les dépouilles des vaincus, la dernière ouvrant une période électorale dans laquelle
l'administration détournée de sa tâche véritable,
indifférente aux intérêts généraux, menacée dans
sa propre existence, mettait au service de ceux
dont elle dépendait l'influence et l'autorité des
fonctions publiques. Transformés en courtiers
électoraux, combattant pour leurs places, tous les
fonctionnaires, à tous les degrés, n'avaient plus
d'autre préoccupation que de maintenir la suprématie de leur parti, d'écarter leurs adversaires,
de peser sur les électeurs.

On ne pouvait nier non plus l'impérieuse nécessité de licencier, autant que faire se pourrait,
l'armée grossissante des *politicians* de profession,
ces nuées de solliciteurs qui encombraient Washington et les avenues du pouvoir, gent famélique,
prête à tout, même au meurtre, ainsi que l'avait
prouvé l'assassinat de Garfield. Puis, enfin, la vie
commerciale du pays entravée, paralysée pendant
des mois, les transactions suspendues, l'attention
publique absorbée par des luttes intestines, la
presse déchaînée, les passions surexcitées, le cy-
nique étalage de la vénalité des votes et de la
puissance de l'argent inquiétaient les plus indif-
férents, alarmaient les meilleurs citoyens. Aussi,

15.

l'opinion publique fit-elle à cette suggestion, dans laquelle, en toute autre circonstance, elle n'eût vu qu'une manœuvre grossière, un accueil encourageant. Satisfaite du résultat acquis, de la sympathie surprise, laissant au temps le soin de fortifier les convictions et se réservant de reprendre cette thèse au moment opportun, la presse républicaine s'en tint là, n'entendant pas pousser plus loin ses avantages ni la polémique soulevée. Le jalon était posé, et bien posé ; si besoin, on y reviendrait.

Maître du pouvoir, M. Blaine se mit résolument à l'œuvre. Il reprit, sans plus tarder, les choses au point où elles étaient en 1881. Il n'avait pu alors qu'esquisser ses plans, mettre en relief le côté humanitaire et général de ses combinaisons. Exploitant habilement la guerre du Chili contre le Pérou et la Bolivie, il y avait rattaché sa première proposition : réunir un congrès des républiques américaines pour « aviser aux moyens de régler tout conflit entre elles par la voie de l'arbitrage. » S'appuyant, non moins habilement, en 1888, sur l'impulsion donnée par un tarif protecteur à l'industrie manufacturière des États-Unis, sur la production excessive qui en résultait et sur l'encombrement des produits fabriqués, il y rattachait sa seconde proposition : « accroître les relations commerciales avec tous les pays américains, de façon à créer des débouchés nouveaux pour le commerce d'exportation des États-Unis. »

Cette double formule conciliait tous les suffrages ; elle ne contenait rien d'exclusif, rien qui pût donner ombrage aux républiques américaines, rien qui pût éveiller les inquiétudes de l'Europe. Le droit des États-Unis à chercher sur leur propre continent des débouchés à leurs produits n'était pas contestable; le haut prix de leur main-d'œuvre rendait leur concurrence peu dangereuse. Pour mettre plus en relief le côté utilitaire et humanitaire de ses projets, M. Blaine proposait de profiter de la réunion de ce congrès pour convoquer à Washington les délégués de l'Europe en congrès maritime chargé d'étudier les mesures à prendre en vue d'établir des règles de route et des signaux en mer, de prévenir les abordages, de sauvegarder et protéger la vie et les biens des voyageurs. Le premier de ces congrès, sous le nom de « Congrès des États américains », ne concernait et ne comprenait que les États des trois Amériques septentrionale, centrale et méridionale; il était convoqué pour le 4 octobre 1889. Le second, le « Congrès international maritime », devait se réunir le 16 du même mois, et des invitations à s'y faire représenter étaient adressées à toutes les nations maritimes.

Ainsi présentée, l'œuvre était vaste, mais l'homme était à la hauteur de l'œuvre. De ces deux congrès, le premier lui tenait surtout à cœur. Fertile en ressources et en combinaisons, il entendait élargir et étendre le cadre élastique de la formule dans laquelle il renfermait sa pensée, lui donner une bien autre portée que celle « d'accroître les relations commerciales avec les pays américains et d'ouvrir de nouveaux débouchés au commerce d'exportation des États-Unis. » Un obstacle insurmontable, semblait-il, se dressait devant lui : le régime protectionniste, plate-forme du parti républicain, mot d'ordre des capitalistes qui l'appuyaient. Leur demander, sur ce point, des concessions ; obtenir qu'ils fissent fléchir la rigueur du principe en vue d'un résultat ultérieur, si important fût-il, il n'y fallait pas songer. Au lendemain d'une lutte acharnée, livrée sur ce terrain même, on ne pouvait se déjuger, donner gain de cause à ses adversaires, abaisser de ses propres mains des barrières dont on avait déclaré le maintien indispensable. James G. Blaine n'y songea pas. Puisant dans l'excès même du principe l'unique moyen de tourner la difficulté, il se proposa de convertir l'Amérique entière aux théories protectionnistes, de les retourner contre l'Europe, d'édifier autour du continent une muraille de Chine, infranchissable à tous, ouverte aux seuls États-Unis.

Espérer en amener là des États jeunes, imbus des théories du libre-échange, attendant de l'émigration européenne le rapide accroissement de leur population, de la liberté des transactions l'écoulement de leurs matières premières, du bas prix de l'intérêt dans l'ancien monde les capitaux nécessaires à la mise en culture de leur sol, à la construction de leurs routes et de leurs voies ferrées, à la création de leurs docks et de leur navigation à vapeur, dénotait, de la part du secrétaire d'État, une audacieuse confiance en lui-même, dans les ressources de son esprit ingénieux et délié, dans le concours et l'appui des personnalités les plus puissantes. Il savait pouvoir faire fond sur ces dernières; il sut les encadrer dans une organisation savante, en faire les rouages utiles d'un mécanisme docile à son impulsion. Tant de questions à soulever et à débattre, tant d'arguments à réfuter, de prétentions à concilier dépassaient la compétence d'un seul homme. Le cas était prévu. Aux termes des lettres de convocation, chacun des pays appelés à figurer au congrès pouvait s'y faire représenter « par autant de délégués qu'il le jugerait bon, étant entendu, cependant, qu'après la discussion des questions soumises au congrès, chaque État n'aurait droit qu'à un seul vote, quel que fût le nombre des délégués. »

M. Blaine fit décider que les États-Unis seraient représentés par dix délégués, sans le compter; il se réservait la présidence du congrès. Les choix faits furent habiles et s'ils portèrent, pour la plupart, sur des hommes inféodés au parti au pouvoir, ils portèrent aussi sur des hommes éminents, doués d'aptitudes spéciales et parfaitement au courant des questions à régler. En première ligne, figurait l'ami personnel et dévoué de M. Blaine, Andrew Carnegie, de Pensylvanie. Compagnon du futur secrétaire d'État lors de son voyage en Europe, il avait été le confident de ses espérances et de ses ambitions. Représentant des industries minières des États-Unis, possesseur d'une fortune de plus de 200 millions, auteur d'un pamphlet bien connu : *la Démocratie triomphante*, Andrew Carnegie était, dans la délégation américaine, *l'alter ego* et le porte-paroles officieux de l'homme d'État. John B. Anderson, du Missouri, légiste éminent, et William P. Whyte, du Maryland, célèbre comme juriste international, étaient chargés de préparer et de rédiger le texte des résolutions à soumettre au congrès. John J. Bliss y représentait les intérêts de l'État et de la ville de New-York ; J. Hanson, l'un des rois du coton, ceux de la Géorgie et des États cotonniers ; Jefferson Coolidge, du Massachusetts, les filatures ; Clément Studebaker, de l'Indiana, personnifiait les grands intérêts agricoles de l'ouest ; William-Henry Trescott, de la Caroline du Sud, et John R. Pitkin, de la Louisiane, étaient chargés des intérêts maritimes ; enfin Morris M. Estee représentait ceux des États du Pacifique. Tous ces hommes, puissamment riches, au courant des ressources et des besoins de la population au milieu de laquelle ils vivaient, au courant des questions à traiter et des pays avec lesquels ils avaient à négocier, en communion de vues et d'idées avec le politique habile qui les dirigeait, lui apportaient un concours individuel et collectif dont on ne pouvait trop estimer la valeur.

Au-dessous de ces délégués officiels, mais à côté d'eux par l'importance du rôle qu'ils étaient appelés à jouer, par l'influence qu'ils excerçaient : une association de capitalistes et de négociants, association toute volontaire, en apparence d'initiative spontanée ; en réalité officieuse. Elle avait pour tâche d'élucider et de préparer l'étude des questions, de centraliser les faits et les documents, de dresser les statistiques ; puis aussi, et surtout, d'offrir aux délégués étrangers une hospitalité digne de la grande république, de les accueillir et de les renseigner. Ici encore, un groupe de millionnaires puissants, tous prêts à dépenser sans compter, appréciant à leur prix les séductions d'un somptueux confort, d'une table recherchée, d'un luxe intelligent. Dans cette organisation savante, rien qui rappelait les solennités d'apparat, les réceptions et la pompe officielle d'un congrès en Europe. Une réunion d'hommes d'affaires discutant et traitant, avec une démocratique simplicité, de grands intérêts, mais représentants d'une démocratie suant l'argent par tous les pores, plus riche que ne le fut aucune aristocratie et mieux qu'aucune excellant dans l'art de ne faire que de rémunératives dépenses. Démocratie moderne et hautaine, oublieuse de son point de départ et des primitives vertus auxquelles elle a dû de s'élever si haut, mais gardant au cœur le culte de ses institutions, la foi dans sa mission providentielle de faire des Etats-Unis l'état modèle, la première nation du monde.

Tout cela s'incarnait dans l'homme au pouvoir, qu'obsédait son idée et qui se croyait à la veille de réaliser ses projets. Ni les encouragements ne lui manquaient, ni les concours ne lui faisaient défaut. Un grand parti le soutenant, et ses adversaires politiques eux-mêmes, séduits par les brillantes perspectives qu'il faisait luire à leurs yeux, n'avaient garde, sur ce point, d'entraver ses efforts. On savait ce qu'il voulait et on le suivait. Il avait tout préparé; la mise en scène était au point, chacun à son poste, acteurs et comparses, spectateurs sympathiques et presse à sa dévotion. Le congrès pouvait s'ouvrir.


### III


Le 2 octobre 1889, il se réunissait à Washington, dans l'hôtel Wallach, loué et aménagé pour la résidence des trente-cinq délégués nommés par les quinze États qui avaient adhéré au congrès. Un seul,

Saint-Domingue, avait décliné l'invitation ; deux autres, Haïti et le Paraguay, n'étaient pas encore représentés, mais ils restaient libres de souscrire plus tard, en pleine connaissance de cause, aux résolutions adoptées. Ces quinze États étaient la République Argentine, la Bolivie, le Brésil, le Chili, la Colombie, Costa-Rica, l'Équateur, Guatemala, Honduras, le Mexique, Nicaragua, le Pérou, San-Salvador, l'Uruguay et le Venezuela. Chacun d'eux avait choisi, pour le représenter, ses hommes d'État et ses légistes les plus éminents. Vincente Quésada, Saenz Pénia et Manuel Quintana, délégués de la République Argentine, étaient, le premier un diplomate expérimenté, le second un jurisconsulte de grand savoir, le troisième vice-président du Sénat. Tous trois apportaient à ce congrès, avec le désir de s'éclairer sur les vues ultérieures de M. Blaine, avec de sincères sympathies pour certaines des mesures proposées, telles que l'unification des monnaies, des poids et mesures, les subventions aux lignes postales, d'instinctives méfiances quant à une union douanière. Émule des États-Unis, aspirant à jouer, dans l'Amérique méridionale, un rôle prépondérant, équivalent au leur dans l'Amérique du Nord, la République Argentine, en plein essor de développement, se souciait peu d'aliéner une liberté d'action dont elle n'avait, jusqu'alors, retiré que de grands avantages.

Le Brésil avait fait choix de Rodriguez Péreira, ancien premier ministre, président de la commission d'arbitrage des délimitations de frontières entre le Chili, le Pérou et la Bolivie. Unique représentant du principe monarchique parmi ces nations républicaines, le Brésil devait, à quelques jours de là, renverser le placide gouvernement de la maison de Bragance, jeter dans les bras des États-Unis le plus vaste État de l'Amérique du Sud, et, par sa révolution opportune, justifier les prévisions, alors inexplicables, de l'homme d'État prévoyant qui affirmait, comme à point nommé, le droit pour les nations américaines de régler elles-mêmes leurs destinées sans intervention de l'Europe.

Emilio Varas, ministre et membre du congrès national, représentait le Chili ; J.-M. Hurtado, grand capitaliste, et C. Silva, ministre des finances, la Colombie. Le Mexique comptait trois délégués : un ministre plénipotentiaire, Matias Romero, très influent à Mexico et marié à une Américaine, miss Allen, de Philadelphie, José Limantour, d'origine française, neveu par alliance du ministre des affaires étrangères, et J.-N. Navarro, consul général à New-York. Manuel Aragon était délégué de Costa-Rica ; Jose Maria Camano, ex-président de la république, était celui de l'Équateur. Fernando Cruz, premier ministre, juriste et linguiste éminent, représentait le Guatemala. Le Honduras avait fait choix d'un ancien ministre des affaires étrangères, diplomate distingué, Jeronimo Zelaya. Le Nicaragua et le Venezuela désignaient, le premier : Horatio Guzman, son ministre à Washington; le second: MM. Peraza et Zegarra. Ces derniers États, conscients de leur faiblesse, reprenant à nouveau d'anciennes traditions, cherchaient, dans une fédération partielle, dans une union plus intime entre eux, la force qui leur faisait défaut, quand la convocation de M. Blaine était venue suspendre les négociations entamées. Par leur situation comme par la nature de leurs produits, ils n'avaient que peu de liens avec les États-Unis. A graviter dans leur orbite, ils avaient plus à perdre qu'à gagner, et la ligue amphictyonique qu'on leur proposait leur apparaissait comme un protectorat déguisé.

Les éléments réfractaires ne faisaient pas, on le voit, défaut dans ce congrès, et ce n'était pas trop du prestige des États-Unis, de l'habileté de M. Blaine et de la science de ses collègues pour le mener à bonne fin.

A la séance d'ouverture, M. Blaine, président de la délégation des États-Unis, prit le premier la parole. Après avoir souhaité la bienvenue aux représentants des trois Amériques, il aborda l'objet de leur réunion, s'appliquant à faire ressortir, par la simplicité voulue du langage, la grandeur et l'importance de l'œuvre, écartant toute emphase de mots pour laisser parler haut les faits et les chiffres.

« Vous êtes ici, leur dit-il, les représentants d'États dont la superficie territoriale est le triple de celle de l'Europe, le quart du monde ; d'un continent peuplé de plus de 120 millions d'habitants, à même d'en contenir plus d'un milliard. Les résolutions que vous adopterez auront sur la prospérité présente de l'Amérique une grande influence, sur l'avenir qui lui est réservé une plus grande encore. Cet avenir ne fait doute pour aucun de nous, et cette conviction ne saurait qu'accroître le sentiment de la responsabilité qui nous incombe. Libres et maîtres de ce continent, il dépend de nous d'augmenter nos forces par notre union, de nous aider et de nous soutenir mutuellement. Ici, dans cette république, sœur aînée des vôtres, nous estimons que nous avons tout à gagner, les uns et les autres, à faciliter et multiplier nos moyens d'échanges ; nous estimons désirable de relier les unes aux autres nos voies ferrées, en les faisant converger, du nord et du sud, vers l'isthme de Panama, point de jonction géographique, et de mettre ainsi en rapports directs nos capitales politiques. Nous croyons possible de conjurer les maux de la guerre et de prévenir, par l'arbitrage, des luttes entre peuples amis ayant tous le même objectif et la même ambition : la prospérité et la paix de l'Amérique, notre commune patrie. Ni les uns ni les autres, nous ne voulons de ces armées permanentes qui ruinent l'Europe, dépeuplent ses campagnes et épuisent ses forces. Ce que nous voulons, ce à quoi les États-Unis aspirent, c'est à resserrer avec vous ces liens d'amitié et de communauté d'intérêts qui assureront à jamais l'indépendance des trois Amériques, c'est à établir sur une base solide ces relations commerciales qui nous permettront de nous suffire à nous-mêmes et d'imprimer à notre industrie et à notre production un essor auquel nul ne saurait assigner de limites. »

Pour donner à ces dernières paroles la sanction des faits, pour montrer aux délégués les merveilleux progrès qu'avait pu, en un siècle de vie nationale, réaliser la grande république, ceux que pouvaient et devaient réaliser elles-mêmes, avec son concours amical, les nations qu'ils représentaient, James G. Blaine les invitait, avant toute discussion, à un voyage d'exploration à travers les États-Unis. Le gouvernement en faisait les frais, réglait l'itinéraire, tout était prêt, on n'attendait que leur assentiment.

Séance tenante et aussitôt après le départ de M. Blaine, le congrès procéda à son organisation. James G. Blaine fut élu président à l'unanimité, sur la motion des délégués du Mexique, du Brésil, du Nicaragua et de l'Uruguay. On ne désigna pas de vice-président ; en l'absence du président, chacun des délégués présiderait à tour de rôle ; par une entente officieuse, on se réservait, après en avoir conféré avec le secrétaire d'État, d'appeler à ces fonctions José-Alphonso, jurisconsulte chilien, et Romero, délégué du Mexique. A l'unanimité, également, on accepta l'invitation du gouvernement, et le Congrès s'ajourna au 18 novembre 1889.

Dans son discours, dont nous avons reproduit le passage principal et qui eut un grand retentissement, M. Blaine se révélait sous un aspect nouveau. Rhéteur abondant et souvent emphatique, empruntant ses effets oratoires à ce genre d'éloquence banale et déclamatoire connue aux États-Unis sous le nom *Spread Eagle*, il adoptait cette fois la sobriété, la concision et la clarté de l'homme d'État. Au sobriquet de *Plumed Knight*, le chevalier à panache, dont l'affublaient ses compatriotes, dès le lendemain ils substituaient celui de *Bismarck américain*, que le *New-York Herald* lui décernait et qui fit fortune. Comme son modèle allemand, il disait haut ce qu'il voulait, et, sur le tapis vert du Congrès, abattant ses cartes, il montrait son jeu. Dans ses entretiens particuliers, il ne dissimulait rien de ce qu'il espérait en invitant une grave assemblée de diplomates et de jurisconsultes à faire trêve aux discussions sérieuses pour se métamorphoser en un congrès de touristes visitant un pays riche et curieux, banquetés et fêtés, hôtes choyés de la grande république. Le Congrès avait voté, pour ces dépenses, une somme de

125,000 dollars (625,000 francs), mais les villes se disputaient l'honneur de traiter magnifiquement les visiteurs ; les grandes compagnies de chemins de fer d'organiser à leurs frais un train princier. Jay Gould et ses collègues, ainsi que le comité de réception, entendaient faire grandement les choses et donner aux délégués une haute idée de la richesse des Américains. Ils y réussirent, et jamais encore on ne vit, en pareille circonstance, déployer pareil luxe.

On construisit des voies de raccordement permettant au train du Congrès de passer d'une ligne sur l'autre sans transbordement. Pour épargner aux voyageurs tout retard et tout déplacement, leur installation était définitive et permanente ; jusqu'à la fin de ce voyage de six semaines, d'un parcours de 5,400 milles et qui emprunterait le transit des voies de trente compagnies différentes, ils occuperaient les mêmes voitures au service desquelles étaient affectés des domestiques spéciaux. Cinq wagons construits et aménagés d'après un système nouveau, contenant chacun douze chambres à coucher et cabinets de toilette, salles de bains, de coiffure et buffet, un wagon-salon avec fumoir et salles de jeu, un wagon-restaurant présidé par un chef émérite ayant sous ses ordres les cuisiniers et le personnel nécessaire, constituaient une installation comme il n'en existe pas en Europe. Le train entier était éclairé à la lumière électrique et chaque chambre était aménagée de manière à permettre de lire, écrire, travailler à son aise, ou, d'un balcon vitré, admirer les sites les plus célèbres.

Le jour même de la séance d'ouverture, les délégués furent reçus à la Maison-Blanche par le président des États-Unis; le soir, ils dînèrent à Bijou-Hotel, résidence de M. Blaine. Le lendemain, ils partaient; l'itinéraire tracé leur faisait parcourir vingt États. Retenu à Washington par les complications de sa politique extérieure, M. Blaine déléguait, pour le remplacer auprès d'eux, M. William E. Curtis.

Ces complications étaient nombreuses, et il semblait que le secrétaire d'État prit plutôt à tâche de les accentuer. Entrait-il dans ses plans de laisser la porte ouverte à des réclamations européennes, auxquelles il se réservait de faire droit en temps utile, mais qui justifieraient devant le Congrès son assertion relative aux dangers que pourrait faire courir aux États américains une ingérence toujours possible et peut-être menaçante de l'Europe? Comptait-t-il assez et assez tôt sur la réussite de son projet pour attendre d'elle et du prestige qui rejaillirait sur lui la solution des difficultés qu'il accumulait à plaisir, ou bien, engagé trop avant par ses critiques contre la politique vacillante de M. Bayard, estimait-il qu'il se devait à lui-même et qu'il devait à son parti de se montrer aussi net et aussi cassant que son prédécesseur était irrésolu? Était-ce par confiance en son audace, par indifférence des conséquences ou par instinct naturel et agressif, qu'ajournant le règlement définitif de la question des pêcheries avec l'Angleterre, il laissait s'envenimer un état de choses qu'un incident pouvait faire dégénérer en conflit sérieux? Bien qu'en apparence les difficultés soulevées entre les États-Unis et l'Allemagne au sujet des îles Samoa fussent réglées, elles l'étaient de façon à pouvoir renaître, et déjà des difficultés analogues surgissaient aux îles Marshall, où les Américains protestaient contre les agissements allemands et où le secrétaire d'État intervenait en faveur de ses nationaux, ce qui était son droit et son devoir, et des indigènes, ce qui était plus grave et pouvait l'entraîner plus loin.

A quel mobile obéissait-il en livrant à la publicité retentissante de la presse américaine le récit de son entrevue avec M. Milliken (1), entrevue dans laquelle, soulevant la question brûlante de l'annexion du Canada et de Cuba, il éveillait à nouveau et simultanément les appréhensions de l'Angleterre et de l'Espagne? « L'annexion du Canada, disait-il, n'est pas encore mûre; sachons attendre, ce n'est qu'une question de temps, avant peu nous cueillerons le fruit. » Puis il ajoutait :

_______

(1) Voyez le *New-York Herald* du 12 février 1889.

« De toutes les annexions auxquelles nous sommes en droit de prétendre, celle de Cuba, la perle des Antilles, l'île *siempre leal*, comme l'appellent les Espagnols, l'île toujours malpropre comme on pourrait la désigner, est la plus légitime. Cuba est un foyer d'infection, la serre chaude de la fièvre jaune, qui périodiquement envahit nos côtes et décime nos populations. Cuba, entre nos mains, assainie et drainée, cesserait d'être un danger permanent: le fléau disparaîtrait à jamais. Même au point de vue économique, nous aurions avantage à acheter Cuba à l'Espagne; si élevé que pût être le prix qu'elle en demanderait, il serait encore inférieur à ce que coûte la fièvre jaune au bassin du Mississipi. Enfin, Cuba est un point stratégique important; elle confine, au nord, à la Floride; au sud à la presqu'île du Yucatan; elle ferme l'entrée du golfe du Mexique, elle en est la clé, et cette clé serait mieux dans nos mains. Voilà bien des raisons en faveur d'une annexion. »

Et des raisons analogues militent, à ses yeux, en faveur de l'annexion des îles Sandwich gravitant dans l'orbite des États-Unis, colonisées et exploitées par les Américains, enrichies par eux et les enrichissant. Pour prix du renouvellement du traité de commerce, il réclamait du gouvernement havaïen des concessions, lesquelles, jointes à la mainmise sur Pearl River, convertie en dépôt naval, mainmise consentie en vue même du traité, ne laisseraient plus subsister qu'une souveraineté nominale, passée de fait aux États-Unis (1).

A l'intérieur, même expansion, même appétit de terres nouvelles. Parqués dans leur *réserve* sur les bords du Missouri, les Sioux y occupent un territoire aussi vaste que l'Indiana : plus de 5 millions d'hectares que convoitent les *settlers*. M. Blaine négociait, par l'intermédiaire du général Crook, avec les Sioux, la cession de ce vaste domaine, l'obtenait de leur chef Gall au prix de 70 millions de francs qu'ils acceptaient contraints et forcés, sachant bien qu'avant peu il ne leur resterait rien de ces millions, qui, d'eux-mêmes, rentreraient dans les poches des blancs, marchands d'eau-de-vie : « Les Indiens ont vécu, disait, en apprenant la conclusion du traité, *Sitting-Bull*, le seul de leurs chefs qui résistât encore ; les *Hunk-Papas* sous mes ordres sont tout ce qu'il en reste. Les autres sont morts et ceux qui ont accepté l'or américain sont des *squaws* et non des hommes. La meute des blancs aboie sur leurs frontières ; elle n'attend qu'un signal pour se ruer sur leurs terres et les en chasser. »

« L'Amérique aux Américains ». Le sol au colon citoyen, à l'émigrant naturalisé. Le Canada : terre américaine, qu'un lien nominal rattache à l'Angleterre, mais qui, tôt ou tard, et plus tôt que plus

(1) Voyez la *Hawaiian Gazette* du 5 octobre 1889.

tard, doit entrer, état indépendant ou territoire annexe des États-Unis, dans la fédération des trois Amériques. Terre-Neuve et ses pêcheries, la baie d'Hudson et celle de Baffin : terres et mers américaines. Terres américaines aussi : Cuba, Haïti et les Sandwich, clés du Pacifique et du golfe du Mexique. Des rives glacées de la mer de Lincoln au Cap-Horn, « l'Amérique aux Américains ! »

Puis, sur ce continent où l'Europe n'aurait plus pied ni accès, inaugurer une politique de paix et de concorde ; par l'arbitrage conjurer les guerres ; par l'unification des poids et mesures, par l'adoption d'une monnaie ayant cours légal dans tous les États, abaisser les barrières qui entravent les échanges ; par la formation d'une union douanière et l'établissement d'un tarif commun, régir le mode d'importation et d'exportation des marchandises ; substituer une méthode unique de classification et d'évaluation, un système unique de factures, aux usages particuliers à chaque État ; garantir par des lois uniformes la protection des brevets et des marques de fabrique ; réglementer par un mode commun de procédure l'extradition des criminels, tel est l'ensemble des mesures préparées par M. Blaine et qu'il se proposait de soumettre aux délibérations du Congrès. Si vaste que fut ce plan, il était, dans une certaine mesure, de nature à séduire les délégués. S'il avait, contre lui, l'évidente contradiction des intérêts, l'importance et la multiplicité des questions sulevées, dont une seule suffirait à absorber l'attention d'un congrès, il avait pour lui la grandeur du rôle des négociateurs, l'occasion, à eux offerte, d'illustrer leur nom par une œuvre considérable, l'incontestable utilité de quelques-unes des solutions suggérées et possibles.

D'autre part, on hésiterait à croire qu'un homme aussi intelligent et pratique que le secrétaire d'Etat de la république s'illusionnât au point de tenir pour réalisable la fédération douanière dont il recommandait l'adoption, si l'on n'avait vu souvent les esprits les plus lucides se leurrer d'espérances chimériques, et la grandeur du but entrevu leur voiler les obstacles à surmonter. M. Blaine espérait-il sérieusement mener à terme l'œuvre entreprise par lui, fermer l'Amérique à l'Europe et la rendre tributaire des manufactures des États-Unis ; ou bien, satisfait d'avoir posé les premiers jalons, d'avoir resserré les liens et préparé l'avenir, entendait-il laisser au temps et aux événements le soin de la compléter dans la mesure réalisable? De ces deux hypothèses, la première semblait la plus probable, étant donnés l'homme et son impatiente ardeur ; la seconde était plus vraisemblable, étant données les difficultés de toute sorte qui se dresseront sur sa route.

Grouper en un faisceau compact autour de la

16.

grande république dix-sept états d'origine, de langue, de traditions et de mœurs autres, et cela au nom d'une idée grande et séduisante en apparence, étroite et décevante en réalité; les amener à sacrifier leurs intérêts immédiats au rêve irréalisable d'une nationalité continentale ; aller à l'encontre de leurs instincts d'expansion en leur demandant de restreindre d'eux-mêmes un commerce croissant, de s'interdire leurs meilleurs débouchés, de renoncer à un marché de 347 millions de consommateurs européens pour y substituer celui de 50 millions de producteurs que leur offraient les États-Unis, semblait une tâche impossible. Dépouillée des artifices de langage, des sophismes brillants, du mirage trompeur dont il avait su la parer, telle ne pouvait manquer d'apparaître la conception de M. Blaine. Les avantages qu'en recueilleraient les États-Unis étaient trop évidents, ceux qui en résulteraient pour les autres États trop problématiques, pour ne pas éveiller les défiances de ces derniers. Le temps et le prestige, l'étendue du pouvoir et sa durée manquaient au Bismarck américain. Il n'avait pu ni attendre l'occasion propice ni la faire naître ; il avait dû précipiter les événements, enserré qu'il était dans le cercle restreint des institutions démocratiques, des exigences de son parti et des vicissitudes électorales.

On pourrait comprendre, en effet, qu'en présence de l'attitude hostile d'une des grandes puissances européennes, une ou plusieurs républiques américaines menacées dans leur indépendance, arrêtées dans leur développement, prêtassent une oreille complaisante aux ouvertures des États-Unis. Si, comme au temps de Monroë, l'Espagne, rêvant de reconquérir sa suprématie au delà des mers, cherchait, avec l'appui, ou, à tout le moins, avec l'approbation tacite de l'Europe, à ressaisir une partie de son antique domaine, on pourrait admettre que le sentiment du danger jetât les républiques menacées dans les bras de la seule république en état de parler ou d'agir pour elles, qu'elles s'autorisassent, elles aussi, de la doctrine Monroë pour demander que l'Amérique appartînt aux Américains. Mais ni l'Europe n'est hostile, ni l'Espagne, non plus qu'aucune puissance, ne songe, croyons-nous, même en présence des événements du Brésil, à intervenir dans les affaires du Nouveau-Monde. Et cette éventualité vînt-elle à se produire, ni la flotte ni l'armée américaine ne seraient d'un secours efficace. La force des États-Unis est toute morale ; elle est dans leur richesse, dans le chiffre de leur population, dans leur prospérité, dans leur commerce, dans leur isolement de l'Europe, dans leur vitalité puissante, non dans les coups qu'ils pourraient frapper, dans les vaisseaux et les hommes qu'ils pourraient mettre en ligne.

Ils le savent et on le sait. Ce que l'on a montré

aux délégués des trois Amériques, dans leur féerique et luxueuse excursion, ce ne sont ni des cuirassés, ni des régiments ; d'appareil belliqueux il ne saurait être question. On leur montre des usines et des manufactures, des fermes et des docks, Chicago et ses *elevators* regorgeant de blé, des troupeaux, des machines, des voies ferrées, des forges et des mines, ce qui est et ce qui crée la richesse, ce qui supplée à la force, et, au besoin permet de l'évoquer.

Tout cela, ils l'ont vu et l'admirent ; le spectacle en vaut la peine. Le prodigieux effort qui a fait surgir des villes populeuses dans les solitudes de l'ouest, qui a créé 260,000 manufactures opérant avec un capital de 15 milliards, qui a mis en culture 300 millions d'hectares valant 55 milliards de francs ; qui, de 3 millions 1/2 d'habitants en 1789, a porté la population à plus de 50 millions, justifie l'orgueil des Etats-Unis. Mais ce que les délégués ont vu surtout, c'est l'image de leurs patries respectives reflétée dans ce miroir gigantesque, c'est l'avenir qui les attend, qui déjà, pour plusieurs d'entre elles, s'accuse et s'affirme. Ils comprennent que, si les États-Unis sont ce qu'ils sont, si de si bas ils ont monté si haut, ils le doivent à leurs efforts, à leur persévérance et aussi à leur farouche indépendance. Ils ne l'ont ni aliénée ni enchaînée ; libres de toute alliance, dégagés de toute entrave, affranchis de tous liens, même de ceux de la gratitude, en tout et toujours ils n'ont consulté que leur intérêt, devenu l'intérêt de tous, l'intérêt national. Et pourquoi ce qui a fait la grandeur des États-Unis ne ferait-il pas aussi la leur?

Qui, mieux que les délégués de la République Argentine, pouvait lire dans le livre ouvert devant leurs yeux, en dégager les leçons qu'il contenait? Chez eux la population croît plus rapidement encore, en proportion, que ne l'a fait celle des États-Unis. Plus jeune, la République Argentine a, sur la grande république, l'avantage que celle-ci possédait : de bénéficier des conquêtes modernes, d'éviter les tâtonnements coûteux, d'utiliser les procédés les plus récents. Elle débute à peine dans la construction des voies ferrées, et déjà elle en possède autant que l'Espagne, deux fois plus que la Belgique, trois fois plus que la Suisse. Même audace qu'aux États-Unis, même confiance dans l'avenir, audace et confiance servies par des instruments supérieurs, par une expérience plus étendue, par des capitaux bien autrement importants. Sur un tremplin plus élastique, l'élan est plus vigoureux. Buenos-Ayres naissante rivalise avec New-York, possède plus de journaux quotidiens que New-York, des banques plus monumentales, des cercles plus somptueux. « C'est à tort que l'on désigne les Chiliens sous le nom de Yankees de l'Amérique du Sud, à cause de leur caractère énergique et entreprenant. Le Chili est, à proprement parler, une colonie anglaise. L'influence de l'Angleterre y domine, l'or anglais y alimente toutes les transactions. Les vrais Yankees de l'Amérique du Sud sont les Argentins. Ils n'ont pas seulement notre hardiesse et notre vigueur, ils ont encore avec nous des affinités commerciales et des sympathies politiques (1). » Cette dernière assertion est contestable. En tout cas, ces affinités et ces sympathies ne se traduisent guère par des chiffres. La France achète annuellement pour 130 millions de produits argentins, l'Angleterre pour 85, les États-Unis pour 28. A elles seules, la France et l'Angleterre figurent dans le commerce d'importation pour 54 pour 100, les États-Unis pour 8 pour 100, un peu moins que la Belgique.

Quel avantage trouverait la République Argentine à se fermer le marché financier de l'Europe, qui soutient son crédit et l'aide à porter le poids énorme, vu sa population, d'une dette de 2 milliards 1/2? Certes, les capitaux abondent aux États-Unis, mais ils sont plus exigeants qu'en Europe ; et, si riche que puisse être l'Union américaine, elle ne l'est pas encore assez pour absorber les émissions multiples et répétées d'États nouveaux, impatients d'étendre le réseau de leurs voies ferrées, de compléter leur outillage agricole

(1) Voyez le *New-York Tribune* du 2 avril 1889.

et, industriel, de mettre leur sol en rapport. Producteurs de matièrespremières, les États de l'Amérique méridionale exportent bon an, mal an, un peu plus de 3 milliards de coton, sucre, café, bois, peaux, métaux précieux, etc. L'Europe leur en prend la presque totalité, les États-Unis pour 200 millions seulement. C'est que les États-Unis sont producteurs et vendeurs, eux aussi, de la plupart de ces produits et n'ont que faire de s'en encombrer. Ce qu'ils veulent et ce qu'ils cherchent, c'est moins acheter que vendre. Le mécanisme des lois commerciales fait de l'Europe, principal marché sur lequel s'écoulent les matières premières de l'Amérique méridionale, le marché naturel qui lui fournit, en échange, les articles qu'elle ne fabrique pas. Aussi retrouve-t-on la même proportion dans les achats que dans les ventes. Sur les 2 milliards 1/2 de produits manufacturés qu'absorbe actuellement l'Amérique méridionale, 88 pour 100 viennent d'Europe, 11 pour 100 seulement des États-Unis.

C'est à renverser complètement les termes de cette proposition mathématique que tendaient les efforts de M. Blaine. Il faisait miroiter aux yeux des capitalistes et manufacturiers américains l'espoir de monopoliser ce trafic, d'ouvrir aux produits manufacturés des États-Unis un débouché annuel de 2 milliards ; pour cela, — fermer ce marché à l'Europe au moyen de droits élevés sur les produits européens, de libre entrée des produits américains, résultat de traités de réciprocité entre tous les États du continent. Mais tous les traités du monde ne modifieront pas les facteurs du problème. Ils ne feront pas que ⅃e Brésil, producteur de coton, de sucre, de cuir et de tabac, trouve acquéreur aux États-Unis, non plus que le Chili y écoule son cuivre et ses céréales, l'Uruguay sés cuirs, le Mexique ses sucres. C'est en numéraire que devra se régler l'inévitable différence qui résultera, pour eux, de transactions avec un grand pays manufacturier, exportateur et vendeur, mais non acheteur de matières premières dont il est lui-même producteur.

« Si les manufacturiers des États-Unis veulent vendre leurs marchandises dans l'Amérique centrale et l'Amérique méridionale, dit l'un des principaux organes du Brésil, le *Rio Janeiro News*, il leur faut tout d'abord réduire leurs tarifs sur les laines, les cuivres et tous les autres produits de ces régions. Ils disent et répètent avec une singulière insistance qu'ils doivent avoir une influence prépondérante sur le commerce de l'Amérique entière; pour l'obtenir, ils combinent force plans; mais, de façon ou d'autre, ils ne vont jamais au delà d'offres de nous vendre leurs produits et d'objections à acheter les nôtres. Leur idée du commerce paraît être de vendre contre numéraire; ils proposent bien d'accorder des subventions aux lignes de bâtiments à vapeur, et cela à seule fin d'exporter leurs marchandises, à condition que ces bâtiments ne rapportent, comme fret de retour, que de l'or ou de l'argent. Aussi longtemps que l'*Oncle Sam* refusera d'acheter ce que nous avons à vendre, nous irons acheter là où nous trouvons à vendre. » Et le *Republican* de Springfield d'ajouter : Voilà ce qui se dit là-bas. Évidemment, il faudra autre chose qu'un congrès où l'on fera de bien beaux discours sur la grandeur de notre république, pour amener ces gens-là à souscrire aux singulières théories commerciales qui ont cours parmi nous. »

Il faudra autre chose aussi que les sommations impérieuses du sénateur Frye : « L'Europe n'a que faire ici, et nous devons résister à ses empiétements. Qu'elle aille commercer en Afrique, dans l'extrême Orient, où elle voudra, mais qu'elle laisse enfin l'Amérique aux Américains. » Autre chose aussi que les déclarations de l'un des organes principaux de la presse, résumant la question en termes aussi nets que précis : « Ce que nous voulons, c'est monopoliser, si possible, le commerce de l'Amérique, non par le bon marché et la qualité de nos produits, mais en englobant le continent dans notre tarif protectionniste actuel. Nous voulons entrer dans les ports des signataires et en interdire l'accès à nos concurrents européens (1). »

(1) Voyez le *Sun* de Baltimore du 29 mai 1889.

17

Irréalisable et chimérique sur ce point, — pour le moment du moins et dans les circonstances actuelles, la conception de M. Blaine n'en reste pas moins réalisable et pratique sur d'autres. Telle qu'elle est, et qu'elle se dégage des discussions du congrès, elle reste une menace et un avertissement pour l'Europe. Ainsi l'a comprise et entendue la chambre syndicale des négociants-commissionnaires de France, qui, la première, a signalé à l'attention publique les dangers dont étaient menacés le commerce européen, et le nôtre en particulier. MM. E. Lourdelet et A. Prince, président et vice-président de cette chambre, ont donné l'éveil. On ne saurait que les louer de leur vigilante sollicitude. Le jour où l'initiative privée d'hommes compétents, habitués au maniement des grandes affaires, viendra, comme dans ce cas, apporter son concours à la diplomatie officielle, et réclamer celui de la presse, un grand progrès sera réalisé.

Ce qui est pour attirer l'attention, c'est la persistance de l'idée conçue par Bolivar, en germe dans le message de Monroë, reprise en 1881, et que M. Blaine s'est efforcé de réaliser en 1889. Il y a là l'indice qu'en elle-même cette idée répond, dans une certaine mesure, à une aspiration légitime, qu'elle renferme en elle un germe de vérité et de progrès ; et c'en est un que cette tendance à supprimer des barrières artificielles, à substituer une

monnaie unique, un système uniforme de poids
et de mesures, d'évaluation et de classification,
aux entraves résultant de monnaies diverses,
d'usages commerciaux aussi variés que compli-
qués. Avec tout son savoir-faire, malgré toute son
habileté, M. Blaine ne dégagera de sa conception
que ce qu'elle contient de juste et d'immédiatement réalisable. Le reste : l'union douanière, le
tarif des États-Unis étendu au continent entier,
l'Amérique fermée aux produits européens, ne
saurait aboutir qu'en des temps autres et des circonstances différentes.

C'est moins encore des États-Unis que de l'Europe qu'il dépend de précipiter les événements, de
hâter ou d'écarter cette éventualité. C'est de l'Europe qu'il dépend de resserrer ses liens commerciaux avec ces nations nées d'elle et dont l'Exposition de 1889 a révélé la vitalité puissante et la production croissante, d'éviter les complications politiques, les menaces d'intervention qui les jette-
raient dans les bras de la grande république. La
question vaut que l'Europe s'en occupe et que ses
diplomates s'en préoccupent. Avec un homme
d'État de l'envergure de M. Blaine, aussi tenace
en ses idées que fertile en ressources, bien des
surprises sont possibles ; et de ce que les circonstances actuelles militent contre son projet, il ne
s'ensuit pas qu'elles soient immuables, et, contre
toute attente ne changent. Si le Bismarck améri-

cain n'a, pour lui et derrière lui, ni les éclatants succès de son modèle, ni une organisation militaire préparée de longue main, et, au moment décisif, sans égale, il a derrière lui une nation prospère, pleine d'ardeur et d'ambition, des capitalistes comme le monde n'en avait pas encore vu ; il a, pour lui, les fautes que l'Europe pourrait commettre et le parti qu'il en saurait tirer.


FIN

# TABLE DES MATIÈRES




ÉMILE COLIN — IMPRIMERIE DE LAGNY